Die Windrichtung ändern

Gedichte

Manfred Burba

Dorante Edition

„Es ist leichter, seine Fahne nach dem Wind zu hängen,
als die Windrichtung zu ändern".

Manfred Burba

(aus: E. Maassen, N. Mieck, H. Lange u.v.a.: Bunte Flusslandschaften. Haiku und andere Kurzgedichte, Aphorismen. Dorante Edition, 2016, S. 153)

Die Windrichtung ändern

ändern

Gedichte

Manfred Burba

Bibliografische Information durch die Deutsche Nationalbibliothek: Die Deutsche Nationalbibliothek verzeichnet diese Publikation in der Deutschen Nationalbibliografie; detaillierte bibliografische Daten sind im Internet über http://dnb.d-nb.de abrufbar.

Herausgegeben durch das Literaturpodium, Dorante Edition Berlin 2017, www.literaturpodium.de
ISBN 9783746011066

Foto auf der Vorderseite: Wetterfahne (Windrichtungsanzeiger). (Abdruck mit freundlicher Genehmigung der Firma Linneborn, Metallwaren GmbH, 59872 Meschede-Freienohl.)

Herstellung und Verlag: BoD – Books on Demand, Norderstedt

Vorwort

Auf meine Gedichte und deren Veröffentlichung habe ich rückblickend viel Zeit verwendet. Die Fertigstellung mancher Gedichte hat sich bis zu ihrer endgültigen Fassung mehrere Jahre hingezogen. Trotzdem fallen mir, wenn ich die Texte jetzt nach längerer Zeit wieder lese, treffendere Formulierungen ein. Ein Gedicht scheint mit dem Autor zu wachsen und findet wohl erst mit dessen Ableben seinen natürlichen Abschluss.

In den verschiedenen Themenbereichen humoristische (komische) Gedichte, Gedichte über Persönlichkeiten und Ereignisse aus der Neueren und Älteren Geschichte, Gedichte über Krankheit, Tod und Sterben, Gedichte über Natur und Umwelt sowie Gedichte mit Themen aus Kunst, Wissenschaft, Gesellschaft, Weltanschauung usw. spiegeln sich Ereignisse aus dem Leben und aus den verschiedenen Interessengebieten des Autors wieder.

Die Mehrzahl meiner Gedichte ist gereimt. Ich liebe den Reim, genauer Endreim, und seine verschiedenen Arten und habe ihn als Ausdrucks- und Klangmittel von Anfang an eingesetzt.

Rund 160 veröffentlichte Gedichte in knapp 40 Jahren (seit ca. 1980) sind eine mäßige Ausbeute, die zeigt, dass ich die Texte ohne Zeitdruck und Hektik, für mich allein und ohne ökonomische Absicht geschrieben habe. Viele Gedichte wurden prämiert in Lyrik-Wettbewerben, meist von Literaturpodium.de. Dort veröffentlichte ich seit 2008 zahlreiche meiner Gedichte.

Ich brauchte viel Zeit und Zuspruch, um diesen Band zu verwirklichen. Ein paar Illustrationen oder eigene Fotos zu einzelnen Gedichten hätte ich mir noch gewünscht, doch das würde alles noch länger hinausgezögert haben. Meine über 40 wissenschaftlichen Publikationen, die mein Berufsleben nahezu 35 Jahre begleitet und mit ausgefüllt haben, wird man vergessen, sie veralten – meine Gedichte vielleicht nicht.

Manfred Burba, Einbeck im Oktober 2017

Der große Knall

Am Anfang war der große Knall,
„Big Bang" auf Astronomisch,
den hört man heute noch im All,
zum Glück nur elektronisch.

Am Ende steht ein Schwarzes Loch,
worin die Welt verschwindet,
es sei denn, dass man vorher noch
ein Hintertürchen findet.

Der Sinn und Zweck der Explosion
und wer sie inszenierte
sind unbekannt, obgleich man schon
sehr gründlich recherchierte.

Nächtlicher Hafen

Die Flut erreicht den Hafen
und Kutter laufen ein.
Aus engen Ruderhäusern
dringt trüber Lampenschein.

Vom Feuer auf der Mole
erleuchtet ist der Strand.
Es treiben grau im Wasser
die Möwen vor dem Land.

Die See umspült die Buhnen
und Nebel zieht heran.
Im Hafenbecken legen
die letzten Schiffe an.

Ein Wind bewegt die Flaggen
am menschenleeren Kai.
Erloschen sind die Lichter
der Hafenmeisterei.

Die Nacht verschließt den Hafen.
Als Regen rinnt die Zeit.
Die Brandung in der Ferne
rauscht durch die Dunkelheit.

An meiner Hand

für Wiebke

Du bist an meiner Hand gegangen,
hast freudig zu mir aufgeschaut
und mit erwartungsvollen Augen
mir deine Kindheit anvertraut.

Ich nahm sie auf in meine Obhut
und pflegte sie mit Zärtlichkeit;
sie fühlte sich bei mir geborgen,
behütet und in Sicherheit.

Das gab dir Zuversicht und Stärke
und half dir, in der Welt bestehn,
sie zu begreifen und zu lieben
und deinen eignen Weg zu gehn.

Die Zeit der Kindheit ist vorüber,
jetzt gehe ich an deiner Hand,
doch deine großen, blauen Augen
sind mir noch immer zugewandt.

Der Tisch meiner Kindheit

Der Tisch meiner Kindheit
ist reich gedeckt.
Auf dem Linoleum
türmen sich die Erinnerungen:
Der zwiebelschneidende Vater.
Die Augen verkniffen.
Tränen fallen auf das
zerfurchte Hackbrett.
Vor dem Abwaschtisch die Mutter
foltert mit dem Geschirr.
Ich spiele mit
Eicheln, Bucheckern
und Kastanien:
Die Früchte eines langen Tages.
In der Guten Stube nebenan
glänzt die Mahagoniplatte
wie das Holz unserer Särge.

Die eigene Meinung

Es ist nicht leicht, mit ihr zu leben,
so lebt man oft von ihr getrennt;
es soll auch viele Fälle geben,
in denen man sie gar nicht kennt.

Beharrlich muss man nach ihr suchen,
dem schnellen Griff entzieht sie sich,
da hilft kein Jammern oder Fluchen,
nur viel Geduld ist förderlich.

Der Weg zu ihr steht jedem offen,
doch ist er steiler als man denkt.
Man kann sich viel von ihr erhoffen,
nur kriegen wir sie nicht geschenkt.

Kästners Lyrik

Was er beschreibt in seinen Versen,
das ist im Allgemeinen klein;
er hat ein Herz für „kleine Leute",
das könnte gar nicht größer sein.

Und sein Humor und seine Sprache
sind schlicht und einfach und konkret;
er kann die Welt in Worte fassen,
sodass sie jedermann versteht.

Die Bilder und die Reime treffen
und die Pointen sind prägnant;
ironisch ist er, streng und kritisch
und als Satiriker bekannt.

Im großen Ganzen wirkt er heiter,
wie man das auch bei Mozart hat,
ob alle ihn wie Mozart lieben,
das steht auf einem andern Blatt.

Der Kleinstadtpoet

Manch einer ist nicht zu belehren
und ganz und gar darauf erpicht,
sein Inneres herauszukehren
in einem lyrischen Gedicht.

Er möchte jedermann erzählen,
worunter er im Leben litt
und was ihn für Gedanken quälen
und welche Meinung er vertritt.

Doch mangelt es ihm an Erfahrung
auf literarischem Gebiet,
was er bei seiner Offenbarung
ganz offensichtlich übersieht.

So wählt er stets dieselben Worte,
lässt Reim und Rhythmus außer Acht
und Verse von der schlimmsten Sorte
sind schließlich zu Papier gebracht.

Die Tageszeitung druckt bisweilen,
was er in Strophenform verbricht
und mancher Leser liest die Zeilen
und denkt - welch herrliches Gedicht!

Der Typ von nebenan

Wen ich partout nicht leiden kann,
das ist der Typ von nebenan,
denn all sein Streben geht dahin,
nicht so zu sein, wie ich es bin.

Er raucht und trinkt nicht, isst nicht viel,
hält nichts von BILD und Lottospiel
und fliegt schon gar nicht nach Taiwan,
Sri Lanka oder Pakistan.

Im Garten lässt er Unkraut steh'n,
die Kinder auf den Rasen geh'n,
und vor dem Haus parkt ein Objekt,
verbeult, verrostet und verdreckt.

Er lebt nach Kneipp und Hahnemann,
hat immer Jeans und T-Shirts an
und joggt noch abends durch den Ort,
trotz Spielfilm, Tagesschau und Sport.

Was mich jedoch am meisten stört ...
dass dieser Mensch nicht auf mich hört
und sich auch weiter so benimmt,
als ob bei mir nicht alles stimmt.

Ein Pauker der alten Schule

Man hatte ihn kürzlich nach W. versetzt,
wohl wegen der kränklichen Stimme.
Sein Kehlkopf wurde im Krieg verletzt,
und das war für ihn das Schlimme.

Er lehrte Geschichte und Religion
und musste bei uns unterrichten.
Sein Lieblingsthema war Salomon
und andere alte Geschichten.

Sobald er von Moses und Aaron sprach,
von Saul und den großen Propheten,
da dachten wir über Fußball nach,
die Mädchen und die Moneten.

Und unter den Bänken spielten wir Schach,
auch war uns nach Schlafen und Gähnen,
zur Pause wurden wir wieder wach
mit Kaugummi zwischen den Zähnen.

Er dachte an Gott und merkte nicht viel
und hörte sich selber nur sprechen,
da kamen wir auf ein böses Spiel
mit ihm und seinem Gebrechen.

Wir brummten im Chor mit lächelndem Mund
und blickten empört in die Runde
und störten so aus dem Hintergrund
die ganze Unterrichtsstunde.

Was halfen ihm da seine Frömmigkeit
und Israels alte Geschichte,
das Lernen aus der Vergangenheit ...?
Wir machten ihm alles zunichte.

Er stand vor der Klasse hilflos und bleich
und bebte an Händen und Füßen.
Es war schon ein hundsgemeiner Streich –
doch keiner musste ihn büßen!

Die Besten

In dieser besten aller Welten,
lässt jeder nur die Besten gelten,
denn mit den Plätzen zwei und drei,
sind die Verlierer schon dabei.

Aus dem Unbewussten

Wir sind an manchen Tagen
und wissen nicht warum,
nur schwerlich zu ertragen
als Individuum.

Da bleibt uns nichts verborgen,
geschärft ist der Verstand,
es stört uns schon am Morgen
die Fliege an der Wand.

Beherrscht von dem Verlangen
nach Recht um jeden Preis,
sind wir alsbald gefangen
in einem Teufelskreis.

Der Anlass ist meist nichtig,
der Ärger riesengroß,
nur das allein scheint wichtig:
wie werden wir ihn los?

So kommt, was kommen musste,
wenn man es unterdrückt,
dann spielt das Unbewusste
gelegentlich verrückt.

Laudatio für Münchhausen

Ich kenne ihn aus Adelskreisen
als einen ehrenwerten Mann,
der gut und viel erzählen kann
von seinen »wunderbaren Reisen«.

Die Abenteuer und Geschichten,
die er so gern zum Besten gibt,
sind allenthalben sehr beliebt,
wie seine Freunde mir berichten.

Die meisten sind von ihm begeistert,
denn der Baron ist ein Genie,
der mittels seiner Phantasie
die größten Schwierigkeiten meistert.

Man lässt sich gern von ihm betören,
wenn er erzählt und fabuliert,
weil man sich köstlich amüsiert;
es macht viel Spaß, ihm zuzuhören.

Sein Ruf, zu lügen und zu prahlen,
hat ihn verbittert und gekränkt;
er hat sich niemals aufgedrängt
und ist ein Mann mit Idealen.

Ich kenne ihn seit vielen Jahren
und weiß, dass er kein Lügner ist,
der seinen Adelsstand vergisst,
weil wir die besten Freunde waren.

Bilder der Kindheit

Hier spielten wir als Kinder Räuber und Gendarm,
wenn wir uns abends am Pulverkrug trafen
und saßen im Keller bei Fliegeralarm,
aus den Träumen geholt und ganz verschlafen.

Hier schlüpften wir ins Kino im Hindenburgsaal
nach der Wochenschau mit tastenden Händen
und hockten gespannt auf dem Heizungskanal
vor den Hakenkreuzfahnen an den Wänden.

Hier lagen wir frierend in der Badeanstalt
und hörten die Werkbahn pfeifen und fahren
und krochen in die Sprengstoffbunker im Wald
als sie verlassen und unbewacht waren.

Hier kauften wir Comics von unserm Taschengeld
und jagten am Friedhof Mäuse und Ratten.
Die Lehrer erzählten von Gott und der Welt,
nur nicht vom Krieg, den sie verloren hatten.

Hier kamen wir später nie wieder zusammen,
und heute ist dies ein veränderter Ort,
doch die Bilder, die aus der Kindheit stammen,
sie bleiben erhalten – und wirken noch fort.

Sokrates

Er war im alten Griechenland
bei den Athenern stadtbekannt,
als einer, der sie damit plagte,
indem er alles hinterfragte.

Mit dieser neuen Strategie
und seinem Hang zur Ironie
erreichte er, dass die Befragten
infrage stellten, was sie sagten.

Ein jeder stand verlegen da
und wusste nicht, wie ihm geschah
und ging nach Haus zu seinesgleichen
mit einem Kopf voll Fragezeichen.

Bald wurden er und sein System
den alten Griechen unbequem,
denn ob auf Plätzen oder Straßen,
er fragte alle gleichermaßen.

So brachten sie ihn vor Gericht,
wo er sich treu zu seiner Pflicht
bekannte, dass man fragen müsste,
weil man im Grunde gar nichts wüsste.

Das klang den Richtern nach Manie,
nach Hohn und Spott und Häresie,
worauf er sich, der Pflichtbewusste,
mit Schierlingskraut vergiften musste.

Da war die ganze Fragerei
im Nu vergessen und vorbei,
man glaubte wieder, was man sagte,
weil keiner es mehr hinterfragte.

Flucht aus Venedig

Sein Ruf vor Ort war nicht der beste:
Er war ein Spieler und Charmeur.
Er reiste viel, ging gern auf Feste
und hatte keine reine Weste
als Lebemann und Hasardeur.

Er trieb Magie und lebte prächtig
nach seiner eigenen Fasson.
Er liebte Frauen, und zwar heftig,
war zügellos und sehr verdächtig
der staatlichen Inquisition.

Als Folge solcher Art von Sünden
verurteilte das Tribunal,
wohl aus verleumderischen Gründen
und ohne etwas zu verkünden,
ihn wegen gottloser Moral.

Man sperrte ihn auf einen Söller,
von einem Wärter streng bewacht.
Doch er war klüger, dachte schneller
und immer auch origineller
als jene, die ihn hergebracht.

So floh er aus dem Staatsgefängnis,
was keinem vor ihm je gelang.
Das Tribunal sprach von Verhängnis,
war bloßgestellt und in Bedrängnis
durch ihn und seinen Freiheitsdrang.

Im Ausland machte schnell die Runde,
wie er der Polizei entwich.
Sein Name war in aller Munde,
sein Stern ging auf in dieser Stunde,
und alle amüsierten sich.

Giacomo Casanova (1725 – 1798), der sich „Chevalier de Seingalt" nannte, entfloh 1756 aus dem Staatsgefängnis (den „Bleikammern") der Republik Venedig und entkam so dem mächtigen „Rat der Zehn" bzw. der Staatsinquisition, was ihn in ganz Europa bekannt machte.

Der Mensch ist frei

Der Mensch ist frei, sich zu entscheiden,
sein Weg ist nicht vorherbestimmt.
Er geht durch Freuden und durch Leiden,
bis man ihm jede Hoffnung nimmt.

Der eigene Weg

Das Leben nimmt seinen eigenen Lauf,
traut man sich nicht, es zu leben,
mal geht es runter, mal geht es rauf
und manchmal geht's auch daneben.

Und will man es ändern, so sperrt es sich
und lässt sich nur mühsam bewegen.
Das liegt nur zum Teil am Überich,
wir selber sind auch dagegen.

Wir glauben, es täte uns gar nicht gut,
den täglichen Trott zu verlassen.
In Wahrheit fehlt es uns nur an Mut,
den ersten Entschluss zu fassen.

So hoffen wir, dass es gelingen mag,
uns selber zu überwinden,
um möglichst noch vor dem Jüngsten Tag,
den eigenen Weg zu finden.

Die große Schau

Er ist ein Fan vom HSV
und sie von Alexander.
Sie träumen von der großen Schau
anstelle voneinander.

Er sieht sich auf dem Fußballfeld,
umringt von den Kollegen,
die auf dem Rasen seiner Welt
den Ball für ihn bewegen.

Sie steht in der Verehrerschar,
gerührt von all den Tönen,
die der geliebte Superstar
durch Mark und Bein lässt strömen.

So leben sie als Mann und Frau
tagtäglich miteinander,
es ist zwar nicht die große Schau,
doch bleibt man beieinander.

Die Hundematte

Ein Hund, der sich verlaufen hatte,
vermisste seine Ruhematte,
auf der er täglich lag und schlief,
bis man ihn störte oder rief.

Sie war sein ständiger Begleiter
im Haus, im Garten und so weiter,
kurz, seines Lebens Fundament,
von dem man sich nicht gerne trennt.

Auf dieser losen Unterlage
genoss er seine alten Tage
und sehnte sich nach ihr und sprach:
„Ach, welch ein großes Ungemach!

Wie konnte mir das nur passieren,
sie aus den Augen zu verlieren?
In meinem ganzen Hundeleben
hat es so etwas nicht gegeben!"

Dann fuhr er fort, für sein Versagen
sich selber lauthals anzuklagen
und machte einen Mordsrabatz
um seinen Rast- und Ruheplatz.

Die leidigen Touristen

Für viele sind sie eine Plage,
auf sie verzichten will man nicht,
ihr Dasein ist meist eine Frage
der Interessen und der Sicht.

Betrachtet man es ökologisch,
dann stören sie gewöhnlich nur,
denkt man hingegen ökonomisch,
beleben sie die Konjunktur.

Doch was bewegt die große Masse
Touristen aus Touristensicht?
Sie findet Reisen große Klasse,
bezahlt es aus der Urlaubskasse
und alles andre schert sie nicht.

Doktor Eisenbarth

Deus sanat,
Medicus curat

Es schrieb der Doktor Eisenbarth
im Gasthof »Schwartzer Behr«
zu Göttingen sein Testament
und kränkelte schon sehr.

Er war ein Wund- und Wanderarzt
und seiner Zeit voraus
und praktizierte seine Kunst,
auf Märkten und zu Haus.

Mit seinem Komödiantentross
zog er im Land herum,
kurierte und belustigte
ein großes Publikum

und nahm die Leute überall
durch Werbung für sich ein
und produzierte und vertrieb
die eigenen »Arzneyn«.

Es liefen ihm die Kranken zu,
sein Können zog sie an,
er war erfahren und bekannt
als fürsorglicher Mann.

Die Landesherrn erteilten ihm
so manches Privileg
und Ruhm und Wohlstand mehrten sich
auf seinem Lebensweg.

Ein Spottlied, das man später sang,
auf ihn und seinen Stand,
das hat ihn weltberühmt gemacht,
doch leider auch verkannt:

Er war Chirurg und »Oculist«,
erfolgreich und beliebt,
ein überaus geschickter Arzt,
wie es ihn selten gibt.

Es kommt der Doktor Eisenbarth
mir immer in den Sinn,
wenn ich zu Gast in Göttingen
im »Schwarzen Bären« bin.

Der Landarzt Johann Andreas Eisenbarth machte am 1. September 1727 im
Gasthof »Zum Schwartzen Behren« auf der Durchreise in Göttingen sein Testa-
ment und starb kurze Zeit danach in Hannoversch Münden.

Der Mensch ist schlecht

Der Mensch ist schwach, gemein und böse
und weder beten noch Askese
bekehren ihn zum Anderssein.
Und zeigt er einmal bessre Seiten,
dann richte man sich schon beizeiten
auf einen schweren Rückfall ein.

Ein Rock'n'Roll-Talent

Der Vater spielt Pianoforte,
die Mutter Laute und Schalmei,
dem Sohn, trotz seiner Widerworte,
bringt man das Geigespielen bei.

Doch dafür ist er nicht geboren,
ihm liegt der Rock'n'Roll im Blut,
für Klassik hat er taube Ohren,
nur Rockmusik gefällt ihm gut.

Den Rhythmus hat er in den Beinen
und in der Stimme Temperament,
was immer auch die Eltern meinen:
Er ist ein Rock'n'Roll-Talent

und möchte singen und nicht geigen
und sie mit einer Melodie
von Elvis Presley überzeugen
in Graceland, Memphis, Tennessee.

Ein unbekannter Dichter

O Herr! Ich schreibe aus Passion
tagtäglich zwei bis drei Gedichte
und manchmal reicht die Kondition
auch noch für eine Kurzgeschichte.

Mein Werk ist viele Seiten lang
und hat dem Leser viel zu sagen,
doch füllt es nur den Bücherschrank
und liegt mir wie ein Stein im Magen.

Ich hätte meine Verse gern
gedruckt in einem Buch gelesen,
doch die Verleger blieben fern,
es wäre auch zu schön gewesen!

So schreibe ich tagaus, tagein
oft viele Stunden lang Gedichte
und frage mich im Nachhinein:
Was ist nur faul an der Geschichte?

O Herr! Ich bin nur ein Poet
und weder Kritiker noch Richter.
Erhöre mich und mein Gebet!
Grüß Gott! Ein unbekannter Dichter.

Wilder Löwenzahn

Es wuchs ein wilder Löwenzahn
nicht weit von einer Drahtseilbahn,
der wollte, das ist zu versteh'n,
die Welt einmal von oben seh'n.

Doch als er sich zu rühren wagte
und alle seine Kraft versagte,
da wurde ihm auf einmal klar,
wie unbeweglich er doch war.

Darauf begrub der Löwenzahn
den allzu hochgesteckten Plan
und blieb, das war voraus zu seh'n,
enttäuscht auf seiner Wiese steh'n.

Auf Bauernfang

In blauen Dunst des Frühlings
und mit gezinkten Karten in der Tasche
begebe ich mich auf Bauernfang.

Die Leute wollen wissen,
wie es hinter dem Licht aussieht!

Frühjahrsmüde,
über trüben Gewässern,
den ewigen Streit zu enden,
stehen sich Mars und Venus gegenüber.
Die Zeit ist günstig.

Aus dem Hundertjährigen Kalender
strahlt die unparteiische Sonne.

Eine sprichwörtliche Geschichte

Erst sind wir über unseren Schatten gesprungen
und haben den Bock zum Gärtner gemacht.
Dann haben wir uns die Kehle aus dem Leib geschrien
und zu allem nur noch Ja und Amen gesagt.

Da hat man uns den Teufel an die Wand gemalt
und das Blaue vom Himmel herunter versprochen.
Daraufhin haben wir alle Hebel in Bewegung gesetzt,
um die Welt aus den Angeln zu heben.

Doch wir hatten die Rechnung ohne den Wirt gemacht,
und so wurde uns das Fell über die Ohren gezogen.
Jetzt möchten wir alles unter den Teppich kehren,
einen Schlussstrich ziehen und zur Tagesordnung übergehen.

Grippaler Infekt

Nun ist es wieder an der Zeit:
Die Grippe macht die Runde.
Es gibt mehr Kranke weit und breit
und weniger Gesunde.

Mich foltert sie in Kopf und Bauch,
der Arzt sagt: wenig essen,
nur Zwieback, Haferbrei und auch
das Trinken nicht vergessen!

So trinke ich rund um die Uhr
Kamillentee und Wasser,
verfluche Arzt und Hungerkur
und werde täglich blasser.

Den Virus im Verdauungstrakt,
die Knie weich und weicher,
der Stuhlgang wie ein Katarakt
aus einem Wasserspeicher,

ist mir schon alles ganz egal:
Die Kräfte sind am Ende.
Das Leben ist ein Wasserstrahl
und rinnt mir durch die Hände.

Doch eines Morgens gegen acht,
ist meine Qual beendet.
Die Grippe hat sich über Nacht
dem nächsten zugewendet.

Ich halte nichts von alledem

Ich halte nichts von Alkohol,
vom Rauchen und von harten Drogen:
sie haben Menschen nur zerstört
und ihre Hoffnungen betrogen.

Ich halte nichts von Lehren, die
uns hier und jetzt das Heil versprechen
und uns stattdessen nach und nach
mit ihrem Heil das Rückgrat brechen.

Ich halte nichts von Kirchen und
von ihren frommen Ritualen,
der ganzen Show vom lieben Gott,
für die wir Kirchensteuer zahlen.

Ich halte nichts von einem Staat
aus Arbeitslosen und aus Reichen;
da werden wieder Rufe laut
nach Neonazis und dergleichen.

Ich halte nichts von alledem
und nichts von diesen Demagogen,
die uns verfolgen Tag für Tag
mit irgendeinem Werbeslogan.

Kindermond

Für Sven

Hoch über mir im Himmel wohnt
mein bester Freund, der Kindermond.

Er blickt vertraut auf mich herab
und liest mir von den Lippen ab.

Ich sage ihm, was mich beglückt
und auch, was mich zutiefst bedrückt.

Er bleibt zwar stumm, doch immer froh,
und deshalb liebe ich ihn so.

Von seinem Lächeln fällt der Schein
geradewegs zu mir herein.

Im Wochenendparadies

Ach, man kann es kaum erwarten,
Wochenend im Schrebergarten,
wo man Ärger, Stress und Sorgen
runterschluckt bis übermorgen,
denn auf seiner Gartenscholle
kriegt man sich nicht in die Wolle,
hier sind Zeit und Ruhe heilig,
niemand stört und hat es eilig.

Und so müht man sich im Stillen,
seine Pflichten zu erfüllen:
Wasser holen aus der Tonne,
Rasen mähen in der Sonne,
Hacken in Gemüsebeeten,
graben, harken, Unkraut jäten,
damit alles nach der Reihe
wachse, blühe und gedeihe.

Doch vor dem Erfolg, ihr Götter,
liegt ein Kampf mit Wind und Wetter,
aber auch mit den versteckten
Käfern, Raupen und Insekten,
die vom nahen Komposthaufen
über Land und Leute laufen
und, weil sie den Frieden stören,
nicht in diese Welt gehören.

Legt man dann die müden Glieder
nach getaner Arbeit nieder,
trinkt im Schatten der Spaliere
eines jener kühlen Biere
und bemerkt, dass bei den Bäumen
schon die Gartenzwerge träumen,
fühlt man sich auf seiner Wiese
wie dereinst im Paradiese.

Welch ein Glück, wenn man hier hätte,
seine letzte Ruhestätte!

Nachruf auf Don Juan

Die sich hier noch einmal melden,
sind die Opfer eines Helden
aus der Opernszenerie.
Sie agieren für uns weiter,
tragikomisch, ernst und heiter,
ohne Textbuch und Regie.

Donna Anna, nach der Rache,
denkt jetzt anders von der Sache,
die sie nicht vergessen kann,
denn Ottavio, der Rächer,
wurde mit der Zeit nur schwächer
und wird nie ihr Ehemann.

Froh und dankbar ist Masetto,
er bekam die Braut in petto
nach der Hochzeit zu Gesicht;
doch Zerlina träumt im Stillen:
„Wenn ich mich nun seinem Willen ...
aber ach, ich tat es nicht!"

Auch Elvira, voller Reue,
hält im Kloster ihm die Treue
über seinen Tod hinaus.
Leporello dient hingegen,
schon allein des Geldes wegen,
längst in einem andern Haus.

Der Komtur auf dem Podeste
ruft ihm nach mit finstrer Geste
wie in einem Gruselstück:
„Lug und Trug, das war dein Leben.
Niemand wird dir je vergeben.
Fahr zur Hölle und – viel Glück!"

In Anlehnung an Mozarts Oper „Il Dissoluto Punito ossia Il Don Giovanni,
Dramma giocoso in due atti", uraufgeführt in Prag am 29. Oktober 1787.

Rätselhafte Zeit

Die Zeit vergeht und steht nicht still,
verhält sich so, wie sie es will
und läuft, so scheint es, ohne Sinn
und Zweck für alle Zeit dahin.

Sie geht nur vor und nicht zurück
und wir begleiten sie ein Stück.
Was nach ihr kommt und vor ihr war
und was sie selbst ist, wird nicht klar.

Vielleicht war sie ja immer schon
nur eine große Illusion!

Unsere Wahrheit

Die Wahrheit liegt uns nicht zu Füßen
und ist nur selten transparent,
es ist nicht einmal auszuschließen,
dass man sie überhaupt erkennt.

Beharrlich muss man nach ihr suchen,
dem schnellen Griff entzieht sie sich,
da hilft kein Jammern oder Fluchen,
nur viel Geduld ist förderlich.

Der Weg zu ihr steht jedem offen,
auch wenn es manchmal nicht so scheint;
man kann sich nur von ihr erhoffen,
dass sie es gut mit einem meint.

Und wenn wir sie nicht selber finden,
kommt sie von selber an den Tag,
um dann womöglich zu verkünden,
was keiner von uns hören mag.

Untergetaucht

Ich habe die Namen an der Tür entfernt,
es wurde mir zu gefährlich; täglich werden
unsere Leute von der Gestapo abgeholt.
Man schickt sie zur Arbeit in den Osten.
Doch das glaubt inzwischen niemand mehr!
Von meinen Eltern und Geschwistern
habe ich jedenfalls nichts mehr gehört
und zurückgekommen ist auch keiner.
Warum tut ihr nichts dagegen oder sagt was?
Haben die sich vielleicht in Luft aufgelöst?

Ich habe die Rollläden herunter gelassen
und den Briefkasten leere ich auch nicht mehr.
Ich lebe im Keller, im Untergrund.
Mein Versteck wird oben von einem Deckel
verschlossen, der sich über den Einstieg legt,
wenn ich unten an einer Schnur ziehe.
Abends gehe ich gelegentlich nach draußen.
Da bin ich zwar vor einer Razzia nicht sicher,
wähne mich aber für kurze Zeit in Freiheit
und fühle mich meinem alten Leben näher.

Wie lange werde ich es hier aushalten,
wenn die Vorräte zu Ende gehen?
Noch glaube ich mich außer Gefahr,
denke oft an früher, das Leben zuhause
und an meine jetzige Lage im Untergrund.
Warum nur vermisst mich niemand
und warum sucht niemand nach mir?
Warum? Ich war doch einer von euch!
Freunde bewähren sich in der Not –
Hoffnung auf Hilfe habe ich nicht mehr

Nach dem Krieg werde ich meine Eltern
und Geschwister suchen und mit ihnen
in Israel ein neues Leben beginnen.
Es schlägt jemand gegen die Haustür,
von der ich aus Vorsicht unsere Namen
entfernt habe – und in der von gestern Abend
noch mein Schlüssel steckt –.

Eine ausradierte Stadt

Beim Betrachten von Fotografien
deutscher Städte aus dem Jahr 1945

Die Stadt liegt da in Schutt und Asche
und aus den Trümmern steigt der Rauch.
In den Ruinen wohnt das Grauen
und in den Menschen wohnt es auch.

Sie hatten einen Eid geschworen
auf Führer, Volk und Vaterland,
für den sie in den Krieg marschierten
mit gleichgeschaltetem Verstand.

Ihr »Deutschland, Deutschland über alles«,
ihr Führer und sein Nazi-Clan
verführten sie durch schöne Worte
zu Massenmord und Größenwahn.

Der Irrsinn nahm ein schlimmes Ende
und Deutschland wurde aufgeteilt.
Nicht jeder, der sich schuldig machte,
war auch von seinem Wahn geheilt!

Mein Blick verliert sich in der Ferne
der grauenvollen Szenerie:
Die vielen Bomben und Granaten
zerstörten ihre Stadt und sie.

„... wir werden ihre Städte ausradieren!"
(Hitler in seiner Rede zur Eröffnung des „Winter-
hilfswerks" vom 4. September 1940 im Hinblick
auf die Luftschlacht um England).

Der Judenstern

Für H. Sch.

Wir stehen kurz vor dem Abitur,
und Deutschland steht mitten im Krieg.
Wir eilen durch Lehrplan und Treppenflur
wie der Führer von Sieg zu Sieg.

In unserer Klasse gibt es jetzt
von zwanzig Primanern noch zehn.
Die anderen wurden zur Flak versetzt,
um dort ihren Mann zu stehn.

Da kommt eines Morgens, selbstbewusst,
Hans Kessler zur Klasse herein
und trägt einen Judenstern auf der Brust,
ohne selber ein Jude zu sein!

Die ganze Klasse ist irritiert,
verlegen und sichtlich empört.
Er hat unsern Führer kompromittiert
und Ruhe und Ordnung gestört!

Hans Kessler, mit Judenstern aus Papier,
steht da, wie ein aufrechter Mann!
Der Lehrer ist sprachlos und rennt zur Tür
und holt den Direktor heran.

Der kommt und schreit: „Was fällt dir ein,
mit den Juden zu sympathisieren?
Sie sind unser Unglück und ganz allein
schuld an dem Krieg, den wir führen!"

Dann lassen sie Kessler nach Hause geh'n.
Direktor und Lehrer tagen:
Man wird ihn als Querulanten anseh'n
und von der Schule verjagen.

Nach einer wahren Begebenheit, vermutlich im Herbst 1941 in einem Göttinger Gymnasium nach Einführung des gelben Judensterns zur Kennzeichnung der Juden in Nazi-Deutschland.

Ankunft in Skirotava

Wir waren drei Tage lang auf der Bahn
und wurden von Köln deportiert.
Was wir dann erlebten, hörten und sahn,
ist uns Juden in Riga passiert.

Es war eine Reise in den Tod,
doch keiner von uns kam dahinter.
Wir hatten kein Wasser und auch kein Brot
und es war bereits mitten im Winter.

In Skirotava hielt der Zug,
ein Bahnhof im Süden der Stadt.
Vom Reisen hatten wir mehr als genug
und wir waren das Warten satt.

Dann riss die SS die Türen auf
und holte uns aus dem Coupé.
Wir stellten uns neben den Gleisen auf
bei eisiger Kälte und Schnee.

Das schwere Gepäck ließen wir steh'n,
sie sagten, es würde gebracht.
Ins Rigaer Ghetto sollten wir geh'n
in dieser entsetzlichen Nacht.

Der Abmarsch zog sich und kostete Zeit;
wir standen und wahrten Haltung.
Für Kranke und Schwache hielt man bereit
drei Busse der Ghetto-Verwaltung.

Wir mussten in Viererreihen marschier'n
nach Riga, die acht Kilometer
und viele sollten ihr Leben verlier'n
durch die Deutschen und andere Täter.

Die hatten noch in derselben Nacht
die Alten, die Kranken und Kinder,
in den Wald gefahren und umgebracht:
die SS, ihre Schergen und Schinder.

Die meisten Überlebenden des Rigaer Ghettos berichteten nach dem
Krieg in ähnlicher Weise über die Ereignisse bei ihrer Ankunft in Skiro-
tava, dem unbekannten Ziel ihrer Reise.

Kommandant Krause

In Rigaer Ghetto wütet der Tod.
Er schont weder Jung noch Alt.
Die Juden leben in ständiger Not
und in Angst vor Krauses Gewalt.

Sie sterben frühmorgens, wenn es tagt,
bei der Arbeit und dort, wo sie wohnen.
Sie sterben auf Krauses Menschenjagd
und im Ghetto bei Selektionen.

Oft steht er, der „Menschenfresser", am Tor,
bis er sich ein Opfer erspäht,
und geht gegen kleinste Vergehen vor
mit äußerster Brutalität.

Dann, eines Tages, kommt Krause allein,
die Wachen zu inspizieren.
Der Posten, ein Trinker, lässt ihn nicht rein,
er soll sich erst legitimieren!

Da droht er dem Mann - es wird ihm zu bunt -
und er schlägt ihn und schreit ohne Pause:
„Das wirst du mir büßen, du Schweinehund.
Ich bin Obersturmführer Krause!"

Der torkelnde Posten legt auf ihn an,
auf Krause, den Wutentbrannten.
Ein deutscher Jude entwaffnet den Mann
und rettet den Kommandanten.

So folgenlos seine Tat auch war,
er half einem Menschen in Not!
Kurt Krause blieb eine große Gefahr
als Herr über Leben und Tod.

SS-Obersturmführer Kurt Krause wurde im Dezember 1941 Kommandant des
Rigaer Ghettos und war wegen seiner Brutalität gefürchtet.

Vorsaison

Der Himmel hält sich grau in grau.
Die See ist aufgewühlt und rau.
Es regnet schon seit Tagen.
Die Menschen sind allein zu Haus.
Die Möwen schrein den Frust heraus,
mir schlägt er auf den Magen.

Von meinem Weg am Uferrand
schau ich hinab auf Meer und Sand,
wo hoch die Wellen schlagen.
Mein Leben geht am Strand vorbei,
es winkt mir zu und fühlt sich frei,
mir Lebewohl zu sagen.

Letzte Fragen

Ach, mein Leben geht zu Ende
und der Abschied fällt mir schwer
und an wen ich mich auch wende,
helfen kann mir keiner mehr!

Was soll ich noch tun und lassen?
Was ist eilig, was hat Zeit?
Soll ich mich mit Gott befassen
oder meiner Endlichkeit?

Was bleibt übrig, was geht unter?
Gibt man mir noch eine Frist?
War mein Leben nur ein bunter
Traum, der nun zu Ende ist?

Was wird wohl aus meinen Taten?
Kommt ein großes Strafgericht?
Muss man, was man tat, verraten,
oder fragt man danach nicht?

Ach, ich weiß ja, all die Fragen
wurden schon so oft gestellt
und dass man seit Kindheitstagen
keine Antworten erhält.

Zwei Paar Schuh

Sie standen oft beieinander,
deine und meine Schuh
und redeten miteinander
und hörten sich gerne zu.

Die großen lehrten die kleinen,
wie es im Leben geht,
mit Trauer, Lachen und Weinen
und wie man sich gut versteht.

Die kleinen gingen noch lange
neben den großen her.
Nun sind die kleinen die großen
und brauchen einander nicht mehr.

Verlorenes Glück

Ich suchte das Glück in der Ferne
und konnte nicht ohne dich sein.
Es schienen mir Sonne und Sterne,
im Herzen blieb ich allein.

Ich habe das Glück nicht gefunden
und finde es nirgends mehr.
Nun gehen die täglichen Stunden
mit Kummer und Leid einher.

Ich fühle mein Herz für dich schlagen
in stiller Glückseligkeit,
wenn ich an verzweifelten Tagen
gedenke der frohen Zeit.

Verkehrte Welt

Es war schon vor etlichen Jahren,
da ist in der Heiligen Nacht
der Herrgott zur Hölle gefahren
und hat sich dort umgebracht.

Der Himmel war fristlos entlassen,
die Engel in großer Not,
sie konnten es einfach nicht fassen
und wünschten sich auch den Tod.

Den Grund für das plötzliche Ende
fand keiner so schnell heraus;
man gab sich noch einmal die Hände,
dann gingen die Lichter aus.

Der Teufel ließ allen verkünden,
er wäre jetzt Herr und Gott,
und predigte Laster und Sünden,
begleitet von Hohn und Spott.

Die Menschen in dieser Stunde
verstanden die Welt nicht mehr,
verdrehten ihr Credo im Munde
und liefen ihm hinterher.

Vor der Drogerie

Er sitzt mit langen Haaren
und Stiefeln bis zum Knie
als Penner schon seit Jahren
vor einer Drogerie.

Dort trinkt er immer wieder
und redet vor sich her,
streckt von sich alle Glieder
im dichtesten Verkehr

und schläft bei leeren Flaschen
am Ende schließlich ein,
die Hände in den Taschen,
der Kopf voll Bier und Wein.

Den Leuten ist es peinlich,
wie er sich präsentiert,
sie hätten's lieber heimlich
und nicht so ungeniert.

Er aber bleibt der Gleiche,
ein Trinker bis ans Grab,
nur über seine Leiche
bringt man ihn davon ab.

Westward Ho!

Früh schon galt dem Wilden Westen
meine ganze Sympathie,
den Indianern und den Cowboys
und der U.S. Cavalry,

Winnetou und den Apachen,
Sitting Bull, Fort Laramie
und dem letzten Mohikaner
und der Schlacht am Wounded Knee,

Jesse James und seiner Bande,
Denver Railway Company
und dem Gold von South Dakota,
Hickok und Calamity,

Wyatt Earp und den Banditen
und den Büffeln der Prärie
und natürlich auch der wilden
Yankee Doodle Melody.

Doch mein Wissen stammt aus Büchern
über U.S. History,
und so lebt der Wilde Westen
nur in meiner Phantasie.

Westward Ho! (Westwärts!) war der Ruf amerikanischer Pioniere, die einst mit
ihren Planwagen in den Westen der USA aufbrachen, um dort eine Existenz zu
gründen und eine neue Heimat zu finden.

Weihnachten im Himmel

Im Himmel probt der Weihnachtsmann
mit seinem Engelchor.
Die Stimmung ist von Anfang an
so schlecht wie nie zuvor.

Die Engel stehn in Reih und Glied,
man singt „O Tannenbaum".
Das ewig gleiche Weihnachtslied
verfolgt sie schon im Traum.

Der Weihnachtsmann singt selbst nicht mehr,
er trifft fast keinen Ton.
Den Engeln fällt das Singen schwer
mit ihrer Aversion.

Am Weihnachtsabend wird gezecht
mit Gott in einem Raum
und zwischendurch, mehr schlecht als recht,
singt man „O Tannenbaum".

Der Herr hört sich den Singsang an
und flucht wie jedes Jahr:
„Zum Teufel mit dem Weihnachtsmann
und seiner Engelschar!"

Das schwarze Pulver

Er war ein heimlicher Verehrer
der Alchemie und Zauberei,
sein großer Traum war Gold zu machen
aus Eisen, Kupfer oder Blei.

Die meisten Alchimisten waren
von ihrer Tätigkeit frustriert,
denn keiner fand den „Stein der Weisen",
der die Metalle transmutiert.

Er aber hatte sich trotz allem
im Laufe einer Frühjahrsnacht
aus Schwefel, Kohle und Salpeter
ein neues Elixier gemacht.

Und als er es mit Blei erhitzte,
kam es zu einem Zwischenfall:
Das schwarze Pulver explodierte
mit einem ungeheuren Knall.

Vom Gold, das er zu machen hoffte,
fand sich am Ende keine Spur,
und was im Einzelnen passierte,
blieb ein Geheimnis der Natur.

Auch alle weiteren Versuche
verschwendeten nur Zeit und Geld,
sein explosives Pulver aber
eroberte die ganze Welt.

Der Franziskanermönch Bertold Schwarz, der im 14. Jahrhundert in Freiburg
lebte und in seinem Kloster alchemistische Experimente durchführte, wird bis
heute mit der Entdeckung des Schwarzpulvers in Verbindung gebracht, obgleich
er weder der Entdecker noch der Namensgeber war.

Der Hexenbischof

Zu Pulver und Asche verbrennet
der Bischof in Würzburg am Main
die Hexen, die haben gestanden,
im Pakt mit dem Teufel zu sein.

Sie haben dem Satan gedienet,
aus Schwachheit und fleischlicher Lust,
viel Übel und Schaden gestiftet
und allen bereitet viel Frust.

Dafür hat der Bischof die Hexen
mit Segen von Vater und Sohn
lebendig ins Feuer geschicket
im Namen der Inquisition.

Er ließ sie befragen und foltern,
das hielt auch die Stärkste nicht aus
und musste die Buhlschaft bekennen,
denn darauf lief alles hinaus.

Jetzt ist durch den Bischof getilget
das Böse in unserer Stadt,
zu Ehren der Heiligen Kirche,
die das zu verantworten hat.

Die Hexenverfolgungen im Hochstift Würzburg unter Fürstbischof, Philipp
Adolf von Ehrenberg (1623 bis 1631), dem „Hexenbischof", waren mit 900
Hinrichtungen im ganzen Hlg. Römischen Reich Deutscher Nationen berüchtigt
und gefürchtet.

Die ganze Wahrheit

„Mit Wissenschaft lebt man bequem
und kann sich über nichts beklagen;
es gibt so gut wie kein Problem",
hört man die Wissenschaftler sagen.

Nur manchmal reden sie jedoch
von Pannen, Risiken und Toten,
die lägen aber alle noch
im Rahmen ihrer Fehlerquoten.

Doch keiner kennt sich so genau
und gründlich aus mit den Gefahren,
da wird wohl erst ein Super-GAU
die ganze Wahrheit offenbaren.

Nur nicht im Mai

Der Frühling hat sich Zeit gelassen,
jetzt ist es Mai und alles blüht.
Man hofft, um selber Mut zu fassen,
dass die Regierung sich bemüht.

Die Blumen blühen auf der Wiese,
die Käfer krabbeln durch den Sand.
Wir sind in einer Währungskrise,
die wurde viel zu spät erkannt.

Die Luft ist lau, die Vögel geben
in ihren Bäumen ein Konzert.
In der Natur beginnt das Leben,
doch unser Geld verliert an Wert.

Ich lasse mir den Mut nicht rauben
von Angst und Panik um mich her,
will fest an unsre Währung glauben,
die hat es augenblicklich schwer.

Wenn erst die Kurse wieder steigen,
geht jede Krise schnell vorbei,
das wird sich auch in dieser zeigen,
nur eben nicht in diesem Mai.

Ein Heldenleben

Der Marineinfanterist.
Die vier Tapferkeitsmedaillen.
Das Verwundetenabzeichen.
Die Heroinabhängigkeit.
Die Messerstiche in der Bar.

Nach Angaben seiner Anwälte
führten traumatische Erlebnisse
in Vietnam zu der Tat.
»Tausende von Kriegsveteranen
leiden an dieser Geistesstörung.«

Die Angehörigen der Mordopfer
fallen sich in die Arme
und klatschen Beifall
am Tag seiner Hinrichtung
auf dem elektrischen Stuhl.

Die Hinrichtung des 39jährigen ehem. Marineinfanteristen
und Vietnam-Helden David Funchess fand im April 1986
Im Gefängnis von Starke im US-Bundesstaat Florida statt.

Die vier Deserteure

Sie lehnten zu viert an der Bunkerwand,
entschlossen, den Ausbruch zu wagen,
die Waffen entsichert, um kurzerhand
gemeinschaftlich loszuschlagen.

Der erste, ein Leutnant und Pionier,
der wurde in Russland verwundet
und hatte den Fluchtweg für alle vier
entworfen und selbst erkundet.

Der zweite Verschwörer war Reservist,
der älteste Kämpfer von allen.
Er sollte mit einer bewährten List,
den Wachposten überfallen.

Der dritte kam aus dem Strafbataillon,
er nannte die Nazis verlogen
und traf sich im Bunker mit seinem Sohn,
den hatten sie eingezogen.

Der junge Pimpf war als vierter dabei
und machte dem Vater zu schaffen.
Er glaubte an Hitler und sein Geschrei
von Endsieg und Wunderwaffen.

Die anderen aber glaubten an nichts
als an Flucht vor Tod und Verderben.
Sie mussten am Galgen und angesichts
des kleinen Verräters sterben.

Eine ganz normale Stadt

In dieser alten Hansestadt,
die viele Fachwerkhäuser hat,
ist seit dem Mittelalter schon
das Braugewerbe Tradition.

Hier lebt man, abseits von der Welt,
für sich allein mit wenig Geld,
dann, eines Tages über Nacht,
kommt Adolf Hitler an die Macht.

Da hebt man seine rechte Hand
und hängt »den Führer« an die Wand,
erklärt die Juden mit Geschrei
für unerwünscht und vogelfrei,

steckt ihre Synagoge an,
und schadet ihnen, wo man kann,
vertreibt die ganze »Judenbrut«
und »arisiert« ihr Hab und Gut

und hetzt, beschimpft und schikaniert,
bis man sie schließlich deportiert ...
und schutzlos geht in ihrer Not
die letzte Jüdin in den Tod.

An diesem, ihrem Heimatort,
spricht man danach kein Sterbenswort
mehr von dem mörderischen Tun
und lässt den Fall auf sich beruhn,

verdrängt die ganze Nazizeit
samt jüdischer Vergangenheit
und will das schreckliche Geschehn
vergessen und nach vorne sehn.

Den jüdischen Mitbürgern von E. gewidmet, die zwischen 1933 und 1944 ihre
Heimatstadt verlassen mussten, emigrierten, deportiert wurden oder sich vorher
das Leben nahmen.

Wie es dazu kommen konnte

In seinem Testament
gab er alle Schuld dem
Deutschen Volk.
Es habe sich seiner
nicht würdig erwiesen,
schrieb er,
und könne nun ebenfalls
zugrunde gehen.

Das Deutsche Volk jedoch
wies alle Schuld von sich
und versicherte, wenn überhaupt,
dann nur auf höheren Befehl
oder in kollektiver Notwehr
gehandelt zu haben.

Einige konnten sich
an nichts mehr erinnern
und andere sagten, sie wären
gar nicht dabei gewesen.

Alle fragten sich fassungslos,
wie es dazu kommen konnte.

Der Anne-Frank-Baum

Man hat ihn über Nacht
abgesägt, den „Anne-Frank-Baum",
vor unserer Schule.

Alle waren geschockt,
als sie vor Beginn des Unterrichts
nur noch einen Stumpf vorfanden

und die Empörung war groß,
den „Anne-Frank-Baum"
abgeholzt und gestohlen zu sehen.

Die Stadt hatte nichts damit zu tun
und verständigte die Polizei.
Von den Tätern fehlt jede Spur.

Man vermutet eine politisch
motivierte Aktion hinter der Tat,
um ein Zeichen zu setzen.

Bei einer Umfrage kam heraus,
dass die meisten Schüler stolz auf ihren
„Anne-Frank-Baum" waren.

Niemand kann sich daher vorstellen,
dass Schüler unserer Schule
den Baum gefällt haben.

Die Direktorin sagte vor Journalisten:
man könne nur hoffen, dass der Stumpf
im Frühjahr wieder austreibt,
denn einen Ersatz gäbe es nicht.

Nach einer wahren Begebenheit im Dezember 2013.

Der Tag an dem ich sterben werde

Der Tag, an dem ich einmal sterben werde,
soll mir am liebsten so willkommen sein:
ein schnelles Ende ohne Angst und Schrecken,
im Freien und bei einer Flasche Wein.

An jenem letzten Tag in meinem Leben
bin ich im Garten, wenn der Tod sich naht.
Er tut mir nichts und stellt mir keine Fragen,
was er bei andern Menschen auch nicht tat.

Wir sind uns früher selten nur begegnet
und kennen uns infolgedessen kaum.
Jetzt ist er plötzlich da, um mich zu holen
und langsam mischen Leben sich und Traum.

Bevor ich meinen Platz für immer räume,
beginne ich noch ein Gespräch mit ihm
und siehe da, wir haben viel zu reden
und sind schon bald ein eingespieltes Team.

Vom lieben Gott spricht keiner von uns beiden,
der ließ sich jedenfalls bei mir nicht sehn.
Ich werde wohl den Weg von dieser Erde
allein und ohne seine Hilfe gehn.

Wir reden lange noch wie gute Freunde
und stoßen an und trinken von dem Wein.
Dann werde ich auf einmal schrecklich müde
und schlafe sanft und auf der Stelle ein.

Wer wünscht sich nicht, wie ich, ein solches Ende?
Die Wirklichkeit sieht leider anders aus:
Wir haben Angst und leiden große Schmerzen
und viele sterben an gebrochenem Herzen
und unsre Seelen finden nicht nach Haus.

Ende einer Epoche

Die Mühlen der Romantik
mahlten noch eine Zeit lang weiter,
dann blieben sie stehen, und die Müller
fuhren mit der Eisenbahn.
Die Trillerpfeife ersetzte das Posthorn,
das Rauschen der Brunnen und Bäume
verstummte, und Feinsliebchen
zog für immer ihre Vorhänge zu.

Auf dem Weg nach innen
kam keiner mehr voran,
und der stille Frieden,
den man dort zu finden hoffte,
trat nicht ein.
Angetrieben vom Glauben an
Wissenschaft, Technik und Fortschritt
nahmen die Veränderungen
ein Tempo auf, das uns bis heute
in Atem hält und nicht mehr
zur Ruhe kommen lässt.

Seitdem versuchen wir,
die Risiken und Katastrophen
in den Griff zu bekommen, die wir durch
den Wandel in Umwelt und Gesellschaft
selbst verursacht haben,
schaffen aber immerzu neue Probleme
und begründen unsere Anstrengungen mit
dem Wohl und Überleben der Menschheit.

Gedichte schreiben

Ein Lehrgedicht
nach Erich Kästner

Gedichte schreiben muss man können.
Talent ist selbstverständlich Pflicht,
denn ohne diese Dichtergabe
geht es im Allgemeinen nicht.

Was uns bewegt, bedrückt und ärgert,
ist das, was ein Gedicht beschreibt:
ein echtes menschliches Empfinden,
das allen in Erinnerung bleibt.

Sich klar und deutlich auszudrücken,
genau zu sagen, was er meint,
ist für den Dichter unerlässlich,
damit er glaubwürdig erscheint.

Er braucht dazu die rechten Worte
und Sätze, die man leicht versteht.
Gedichte schreiben ist ein Handwerk,
das ohne Handwerkszeug nicht geht.

Es macht den Dichtern sehr viel Arbeit,
was weder Ruhm noch Ehre bringt,
trotz aller Mühe aber Freude
und großes Glück, wenn es gelingt.

PS:
Gedichte sind auch zu gebrauchen,
im kleinen Kreis und ganz privat,
als eine Art von Lebenshilfe
und als ein gut gemeinter Rat.

Nach E. K. zeichnet sich ein gutes Gedicht durch ein aufrichtiges Empfinden, Klarheit des Denkens und Einfachheit in Wort und Satz aus. Ganz ohne Humor sollte es auch nicht sein und seelisch verwendbar; ein lyrisches Talent ist dafür unerlässlich.

Im Fußballfieber

Die Welt dreht sich im Fußballfieber
und zieht sich Fußballschuhe an,
sie ist zu Gast bei Fußballfreunden
und zeigt, wer Fußball spielen kann.

Man feiert eine Fußballparty
mit Freunden, die man gar nicht kennt
und johlt und jubelt miteinander
und träumt von einem Happy End.

Doch Fußballspieler sind Rivalen
um Tore, Titel und ums Geld,
um Freundschaft geht es nur am Rande,
die wurde längst vom Platz gestellt.

Das Freundschaftsspiel ist abgepfiffen,
gefragt ist Aggressivität,
man stößt und tritt sich auf dem Rasen
und schlägt, wenn man in Wut gerät.

Man spielt für Spender und Sponsoren,
für seinen Club und reichen Lohn
und geht im besten Mannesalter
als Millionär in Frühpension.

Die Fußballfans in der Arena,
sie wissen es und halten still;
ein schönes Spiel und viele Tore,
ist alles, was man sehen will.

Sie sind der festen Überzeugung,
man stünde schon als Sieger da.
Das muss sich aber noch erweisen:
der Ball ist rund! hipp, hipp, hurra!

Durch den Grunewald

Ich rase durch den Grunewald.
Der Tag ist kühl und nass.
Musik mir in den Ohren schallt.
Ich trete auf das Gas.

Der Funkturm steht im Neben da.
Die Fahrbahn ist verengt.
Ein Mädchen, das herübersah,
das hat mich abgelenkt.

Ich sehe noch ihr blondes Haar
und höre ihren Schrei
und denke noch, wie schön sie war ...
doch dann ist es vorbei.

Im Strandkorb

Ich sitze im Strandkorb und hinter mir
geht prachtvoll die Sonne unter;
ich öffne noch schnell eine Flasche Bier
und stürze den Inhalt hinunter.

Die Brandung ist ruhig, der Strand ist leer,
die Möwen stochern im Sande;
ich blicke gelangweilt über das Meer
bei nicht mehr ganz klarem Verstande

und träume, ich sehe am Horizont
den Heiligen Geist erscheinen.
Er geht auf dem Wasser und sehr gekonnt
hält er sich dabei auf den Beinen.

Bald wird er mit seinem Heiligenschein
zu mir an den Strand gelangen;
es fallen mir all meine Sünden ein,
die ich so im Leben begangen.

Da steht er schon vor mir in voller Pracht
und sagt mir wohl gleich die Meinung,
doch ich bin zuvor aus dem Traum erwacht,
geblendet von seiner Erscheinung,

und sitze im Strandkorb, es fällt das Licht
des Mondes auf See und Gestade
und scheint mir beruhigend ins Gesicht
und auch auf die Kurpromenade.

Mozarts Geheimnis

In der Musik war er schon früh
ein Wunderkind und ein Genie.

Sie war in ihm und er in ihr,
sie war sein Lebenselixier

und lag in seinem Kopf bereit
bei jeglicher Gelegenheit.

Doch was die beiden so verband,
ist letzten Endes unbekannt,

denn was es da zu sagen gab,
nahm Mozart leider mit ins Grab.

So rätseln wir schon manches Jahr,
was das für ein Geheimnis war.

Sonett an Heine

Ich wollte immer schon mal ein Sonett verfassen.
Ich weiß, Sonette sind nicht mehr in Mode,
genauso wie die Hymne und die Ode,
bevor sie Hölderlin hat auferstehen lassen.

Nach einem Vorbild suchte ich bei Heinrich Heine.
Ich dachte, der schrieb viele schöne Lieder,
da findest du bestimmt Sonette wieder,
doch ach, ich fand des Dichters leblose Gebeine.

Sie waren aufgebahrt in einem dunklen Zimmer,
dort lag er ohne jeden Hoffnungsschimmer
und reimte wie bisher mit Witz und Ironie:

Der beste Humorist der deutschen Poesie!
Ich wusste nicht, ob weinen oder lachen
und wie aus alledem noch ein Sonett zu machen?

Unterdrückung

Was immer Menschen unterdrücken,
weil keiner es bekennen mag
und sei es auch mit List und Tücken,
die Wahrheit bringt es an den Tag.

Dein Lachen, Selma

Für Selma Meerbaum-Eisinger

Dein Lachen ist übriggeblieben.
Es lacht vor meinem Gesicht.
In deinen Gedichten hast du geschrieben:
Vergesst es nicht!

Aus alter Tradition

Er lobte in jungen Jahren
die gute alte Zeit,
den Kaiser und die Soldaten,
die Pflicht und Schuldigkeit.

Dann lobte er Adolf Hitler
und seine Politik
und später dann auch die Kanzler
der Bundesrepublik.

Jetzt lobt er sich seine Ruhe,
sein Heim und die Pension
und seinen Kaiser und Führer
aus alter Tradition.

Ferien auf Sylt

Die Kinder am Strand
spielen und streiten
umgeben von Sand,
Wind und Gezeiten.

Die Sonne im Meer
tanzt auf den Wellen,
vom Yachthafen her
die Hunde bellen.

Die Menschen sind laut
und ohne Ruhe,
wohin man auch schaut:
Lärm und Getue.

Hier ist nicht der Ort,
um Verse zu schreiben,
kein einziges Wort
will stehen bleiben.

Die Insel war nicht
mein Wunsch und Wille:
Ein gutes Gedicht
kommt aus der Stille.

Auf der Warteliste

Das Haus ist Teil einer
Fachklinik für Onkologie,
Immunologie und Hyperthermie;
eine weitere Station
auf dem Weg in den Tod.

Im Schnelldurchgang
kommen und gehen die Patienten,
denn so wollen es die Kosten
und die gesetzlichen Krankenkassen.

Die Klinik ist wieder einmal
meine letzte Hoffnung.

Der Stationsarzt redet
über mich und meine Diagnose
wie über einen Fall aus dem Lehrbuch.
Er bringt Formulare für eine
Chemotherapie zur Unterschrift mit.
Ein Tötungsversuch auf Raten
mit ungewissem Ausgang.

„Als Entgegenkommen für die Kasse,
die sonst Schwierigkeiten macht",
sagt mir der Chefarzt bei der Visite.

Ich muss mich entscheiden,
denn die Zeit läuft mir davon.
Niemand im Haus kümmert sich
um meine Sorgen, Nöte und Ängste.
Alle haben mit ihrem Job genug zu tun.

Ich lehne die Chemo ab.

In der Klinikbroschüre lese ich:
partnerschaftliche Behandlung,
individuell abgestimmter Therapieplan
mit ganzheitlicher Ausrichtung,
menschlicher Umgang und
psychosoziale Betreuung.

Ich habe dort zehn Tage
mit anderen von der Krankheit
gezeichneten Opfern zugebracht.
Auf der Warteliste des Todes
rücken wir mit jedem Tag
weiter nach vorn.

Cordelia

Es lebte einmal ein König,
dem fiel das Regieren schon schwer;
er fühlte sich alt und gebrechlich
und wollte den Thron nicht mehr

und teilte in drei gleiche Teile
sein weithin blühendes Land,
als Erbe für seine drei Töchter
und Mitgift zum Ehestand

und fragte, um sie zu prüfen,
vor Adel und Rittern im Rat:
„Wer liebt mich von euch am meisten"?
und ahnte nicht, was er tat.

Für zwei seiner Töchter hatte
der König ein offenes Ohr;
die jüngste jedoch, seine liebste,
sie hielt ihm die Frage vor.

„Die Liebe", sprach sie zum Vater,
„umgibt uns wie Sonne und Licht
und macht uns zu glücklichen Menschen,
doch messen lässt sie sich nicht."

Die Antwort verdross den König,
weil sie ihm die Stimmung verdarb,
worauf er vom Hof sie verbannte
und keiner mehr um sie warb.

Nur einer der edlen Ritter,
der nannte beim Namen sogleich
das Unrecht, das ihr widerfahren,
und floh aus dem Königreich.

Die anderen aber hielten
zum König und blieben dabei,
da brach sein bisheriges Leben
und bald auch sein Reich entzwei.

Frei nach William Shakespeares „King Lear"(I,1),
dessen Töchter Goneril, Regan und Cordelia hießen.

Begegnungen

Als ich einen Politiker traf,
änderten sich meine *Einstellungen,*
als ich einen Künstler traf,
änderten sich meine *Empfindungen,*
als ich einen Wissenschaftler traf,
änderten sich meine *Erkenntnisse,*

als ich Dich traf,
änderte sich mein *Leben.*

Todesahnung

Es ist schon spät, die Zeit läuft ab.
Es ruft mich ohne Gnade,
die Stimme aus dem Grabe.

Oh, Tod, lass doch das Rufen sein.
Ich bin bereit, zu gehen,
die schwarzen Wimpel wehen.

Noch einmal blicke ich zurück
auf mein vergangnes Leben:
Wer wird mir je vergeben?

So will ich mich in meiner Not
und ohne Gottes Segen
in deine Arme legen.

Zum Jahreswechsel

Das Neue Jahr ist angebrochen,
das alte Jahr hat abgedankt,
vom neuen möchten wir gern wissen,
was es uns bringt und abverlangt.

Die Frage stellt sich immer wieder,
die Antwort fällt, wie immer, schwer.
Wer kann schon in die Zukunft sehen?
Am besten ist, man fragt nicht mehr!

Das Leben ist zwar oft beschwerlich,
voll Ärger, Mühsal und Verdruss,
doch niemand sollte je vergessen,
dass man es auch genießen muss!

Nehmt es gemeinsam in die Hände,
dann ist es leichter zu bestehn.
Lasst diese Möglichkeit und Chance
nicht ungenutzt vorübergehn!

Der falsche Graf

Als Magier und Spiritist
reist er von Stadt zu Stadt,
ein Scharlatan, der überall
Erfolg und Zulauf hat.

Der selbst ernannte Graf beschwört
die Geister durch Magie
und praktiziert die Kabbala
sowie die Alchemie.

Sein Auftritt ist spektakulär,
ein Spiel mit Schein und Sein;
es fällt auf seine Geisterschau
so gut wie jeder rein.

Vom Geldverdienen spricht er nicht,
das zöge ihn herab,
doch seine Frau im Hintergrund
kassiert die Leute ab.

Sie glauben ihm, was er verspricht
und was er prophezeit
und sind verblüfft und fasziniert
von seiner Tätigkeit.

Wer leise Zweifel hat, der schweigt
und äußert sie nicht laut.
Der falsche Graf macht sich davon,
bevor man ihn durchschaut.

Der falsche Graf nannte sich „Alessandro Graf von Cagliostro" (alias Giuseppe Balsamo), Sohn eines Handwerkers aus Palermo und war im 18. Jahrhundert ein bekannter Spiritist, Freimaurer und Abenteurer bzw. Hochstapler.

Die Helden von damals

Früher erfolgreich und groß,
jetzt klein und bedeutungslos.

Einst Sieger, jetzt Verlierer.
Wer erinnert sich ihrer?

Bestenfalls noch Legende
warten sie auf ihr Ende

und wissen: Es gibt kein Comeback;
die Zeit ist um und der Mut ist weg.

Nur Wenige finden ein Stück
zu alter Größe und Kraft zurück.

Angeregt von dem Spielfilm „Sein letztes Rennen" mit Dieter Hallervorden in
der Hauptrolle (2013).

Vater einer Braut

Eine Brautrede in Versen

Es ist ein Brauch an Hochzeitstagen,
dass sich der Vater einer Braut
in einer Rede traut zu sagen,
was er sich sonst nur selten traut.

In dieser ungewohnten Lage
ist man als Vater aufgewühlt;
es ist ein Schmerz, ganz ohne Frage,
es ist ein Abschied, den man fühlt.

Der erste Mann in Deinem Leben
tritt in das zweite Glied zurück
und hofft, es wird Probleme geben,
doch Du erzählst vom großen Glück.

Dem will man nicht im Wege stehen
und schaut den Herrn schon einmal an
und hofft, es wird vorüber gehen,
doch Du erzählst: Das wird mein Mann.

Da wendet sich mit einem Male
das Blatt – und ich muss eingestehn:
Dein Bräutigam ist kein Rivale
und nicht als solcher anzusehn.

Er füllt die Lücken, die ich lasse,
mit Freuden aus, fast väterlich.
Ich finde ihn ganz große Klasse,
er ist der rechte Mann für Dich!

Dein Vater bleibt auch so der Beste
und tut, was er stets gerne tat.
Er sorgt für Dich und Deine Gäste
und gibt Euch diesen guten Rat:

„Wenn Ihr nur immer danach trachtet,
selbst wenn ein Streit Euch einmal trennt,
dass Ihr Euch liebt, vertraut und achtet,
dann gibt es auch ein Happy End.

Das Gleiche gilt für Eure Kinder,
von denen Ihr gewiss schon träumt,
sie brauchen Euer Glück nicht minder,
gebt Acht, dass Ihr es nicht versäumt!

Und nun geht hin mit meinem Segen
in Euer erstes Ehejahr.
Viel Glück auf allen Euren Wegen!
Hoch lebe unser junges Paar!“

Letzte Ruhestätte

Wo wird einst auf dieser Erde
meine Ruhestätte sein?
Bin ich dort in Deiner Nähe
oder hier für mich allein?

Immerhin, uns wird umgeben
noch der Himmel, dort wie hier,
und es leuchten hell die Sterne
weiter über Dir und mir.

Angeregt durch Heines Grabinschrift
auf dem Montmartre-Friedhof in Paris.

Frühlingsgefühle

Für Ille

Endlich wieder schönes Wetter,
klare Sicht und Sonnenschein!
Alle Menschen werden netter
und sind weniger allein.

Die Natur wacht auf und lächelt
fröhlich in die Welt hinaus
und bemerkt, der Winter schwächelt,
mit der Kälte ist es aus.

Frühling lässt Gefühle sprießen
und Verliebte finden sich;
es gibt Blumen zu begießen
und man sagt: „Ich liebe Dich!"

Ach, ich kann es kaum erwarten,
danach steht auch mir der Sinn!
Frühling, komm in meinen Garten,
dass ich nicht mehr einsam bin! –

Heimat du fremdes Land

Zum 20. Todestag von Erich Fried

Sie haben dir den Vater totgeschlagen,
in Wien, von der Gestapo inhaftiert.
Er wurde sterbend euch nach Haus getragen,
misshandelt und von einem Kellner denunziert.

Stumm habt ihr ihn in Simmering begraben.
Es war ein Trauma, das für immer blieb.
Sie wollten Juden in der Stadt nicht haben
und drangsalierten sie, bevor man sie vertrieb.

In England hast du deinen Weg gefunden
als Dichter aus Protest und Rebellion.
Du hast dein Leid in Worte eingebunden
und Lyrik schreiben wurde deine Profession.

Von dort bist du nicht wieder heimgekommen,
zerrissen war das familiäre Band.
Sie haben Vater dir und Vaterland genommen
und deine Heimat war von da ein fremdes Land.

Doch gingst du in Gedanken durch den Prater,
zur Wasagasse oder an den Kai
und dachtest an die Kindheit und den Vater,
dann war er wieder wie vor Jahren auch dabei.

Notstand

Für Erich Fried

Als sie vor ihren Opfern standen,
beriefen sie sich auf Notstandsbefehle.

Als sie vor ihren Richtern standen,
beriefen sie sich auf Befehlsnotstand.

Worauf werden wir uns berufen,
wenn es der Notstand erfordert,
Befehle zu befolgen,
die uns zu Mördern machen?

Aufruf zum Frieden

Schwört keinen Fahneneid!
Lasst euch die Freiheit nicht stehlen
von denen, die euch befehlen!
Seid nicht zum Sterben bereit!

Kämpft nicht für's Vaterland!
Glaubt nicht an Hass und Verrohung,
an Abschreckung und Bedrohung!
Nehmt keine Waffe zur Hand!

Bleibt nicht unentschieden!
Schafft Sicherheit durch Vertrauen!
Helft Feindbilder abzubauen!
Erklärt euch für den Frieden!

Besuch in Auschwitz

Ich kann das alles nicht begreifen und verstehen:
Hier starb die Hoffnung und der Glaube ging verloren.
Was Menschen Böses tun, das wurde hier geboren
und alle haben mitgemacht und zugesehen.

Ich kann das alles nicht erfassen und ergründen
und kein Gedicht wird jemals dafür Worte finden,
die Schreckensbotschaft dieses Ortes zu verkünden.

Ansprache vor Deportierten

Bleibt ruhig!
Habt keine Angst!
Es wird euch nichts geschehen!

Dies ist ein Arbeitslager.
Hier wird man euch
samt und sonders gut behandeln.

Also, auf gut Deutsch:
Alte, Kranke und Kinder
brauchen nicht zu arbeiten.
Sie dürfen sich gleich nach
dem Duschen und Desinfizieren
hinter dem Bad ausruhen.
Die Gesunden und Kräftigen
werden ausgesondert und
bis zur Endlösung
zum Arbeitseinsatz eingeteilt.

Hier kriegt jeder das Seine,
und Arbeit hat noch keinem
geschadet: sie macht frei!

Heil Hitler!

Durch den Kamin

Die rauchenden Schlote
am Ende der Rampe spien Feuer und
die Befehle der SS-Männer und Häftlinge
trieben uns zur Eile an.
Es war ein unaufhörliches Geschrei.

Nachdem wir selektiert und in
Fünferreihen angetreten waren,
brachten sie uns ins Lager.
Die Alten, die Frauen und Kinder
blieben zurück, um auf LKWs
verladen zu werden.
Ein entsetzlicher Gestank lag in der Luft.

Im Lager, in der Empfangsbaracke,
nahmen sie uns die restlichen Wertsachen ab,
schoren uns die Haare und tätowierten uns
eine Nummer in den linken Unterarm.
Dann mussten wir uns nackt ausziehen und
wurden unter Schlägen und Geschrei
im Laufschritt in die Waschbaracke und dort
in den Duschraum getrieben.

Nach dem Duschen
fragte ich einen der Kapos:
„Was geschieht mit den andern?"
„Gehen durch den Kamin",
antwortete er schnell und verschwand.

Zum Schluss gaben sie uns gestreifte
Häftlingskleidung und Holzpantinen
und teilten uns außerhalb des Lagers
einem Arbeitskommando zu.

Am Abend, beim Zählappell,
stand ich neben einem Landsmann
mit einer niedrigen Häftlingsnummer.
Wieder fragte ich:
„Was geschieht mit den andern?"
„Gehen durch den Kamin",
antwortete er, ohne sich zu bewegen,
nickte in Richtung der Schlote, und starrte
weiterhin regungslos auf den Appellplatz.

Da wusste ich,
dass er die Wahrheit sagte
und ich mich in einem Todeslager befand.

Metropole des Todes

Zum Holocaust-Gedenktag 2015

Fragen stellen, ohne Antworten zu finden.
Erklärungen suchen, wo es keine gibt.
Mit der Hand am Stacheldraht
das Unaussprechliche erinnern
und an der Wahrheit verzweifeln.

Sonderkommando

An dem Tag,
an dem ich dem Sonderkommando
von Auschwitz zugeteilt wurde,
kamen die ungarischen Transporte an.
Die SS gab sich auffallend freundlich
und versprach den Menschen,
nach dem Baden und Desinfizieren
Kaffee und Kuchen auszuteilen.
Die meisten gingen von selbst,
man musste sie nicht antreiben.
Tausende sind so vor meinen Augen
in den Tod gegangen.
Keiner konnte sich retten.
Wir schleppten die Leichen
von der Gaskammer zu den Öfen oder,
wenn das Krematorium überlastet war,
zu den brennenden Gruben im Freien.
Dazu schnallten wir den Toten lederne
Riemen um die Handgelenke,
um sie besser aus den Leichenbergen
herauszuziehen und wegschaffen zu können.
Manchmal hat man eine Hand abgerissen.
Es war eine unglaubliche Hölle.

Gleich zu Anfang wollte ich
in den Draht gehen.
Aber der Kapo sagte: Warte noch,
du wirst dich schon daran gewöhnen.

Heute lebe ich in Israel
und habe eine Familie mit zwei
erwachsenen Kindern.
Sie sagen, ich sei verschlossen,
und sie hätten mich noch nie
lachen oder weinen gesehen.

Ihre Kinder meiden mich,
und wenn ich meiner Frau sage,
dass ich sie liebe, antwortet sie:
Ich fühle es nicht.

Kinderkreuzzug

Es war in den Zeiten des Rittertums,
des Minnesangs und des Betens,
der Armen, der Elenden und des Ruhms,
des Prügelns, Sterbens und Tötens.

Da habe Gott einen Knaben erwählt,
der sollte mit seinem Segen
die Kinder von Köln, so wurde erzählt,
zu einem Kreuzzug bewegen.

Er rief sie und überzeugte, indem
er Heilsversprechungen machte
und führte sie dann gen Jerusalem,
das er zu befreien dachte.

Doch Hitze und Kälte rieben sie auf
und Krankheiten rafften sie weg,
sie nahmen selbst Hunger und Durst in Kauf
für einen utopischen Zweck.

Den jungen Pilgern ging keiner zur Hand,
sie mussten sich sinnlos quälen
und weder der Papst noch der Ritterstand
erbarmten sich ihrer Seelen.

Sie zogen von Deutschland nach Afrika,
da war ihr Kreuzzug zu Ende,
was dort mit den letzten Kindern geschah,
ist unbekannt und Legende.

Denn keines kam in die Heilige Stadt
und keines kam wieder nach Haus –
weil niemand darüber berichtet hat,
fand keiner die Wahrheit heraus.

Anfang des 13. Jahrhunderts (1212) machten sich aus Köln und Südfrankreich zahlreiche Kinder und Jugendliche auf den Weg nach Jerusalem, um die Stadt von den Sarazenen (den Muslimen) zu befreien. Diese religiös begründeten Expeditionen (Kinderkreuzzüge), deren geschichtliche Hintergründe noch weitgehend im Dunkeln liegen, mussten scheitern und forderten viele sinnlose Todesopfer.

Guter Rat

Wenn wir unser Tun und Lassen
nur in schöne Worte fassen,
nichts mehr selber ausprobieren
und kein Risiko riskieren,
wenn wir also nichts mehr wagen
und aus Überzeugung sagen,
wer sich reichlich Ruhe gönne,
keine Fehler machen könne ...
sollten wir auch diesen meiden
und uns besser umentscheiden.

Abkehr von der Kirche

Ich habe ihr auch einmal angehört,
das ist schon vor Jahren gewesen;
es hatten mich ihre Lieder betört
und die Bibel mit ihren Thesen.

Jetzt glaube ich nicht mehr an Litanein,
an Sprüche und fromme Gebete
und falle nicht mehr auf den Pomp herein
und das ganze Etepetete.

Die Kirche hat keine Zukunft mehr
und hält sich an weltfremde Riten;
sie tut sich mit Reformatoren schwer
und dem Volk der Israeliten

und fühlt sich berufen, mit Gott im Bund,
zur Auslegung seiner Gedanken,
doch steht sie wie ich auf irdischem Grund,
umgeben von Grenzen und Schranken

und ist eine weltliche Supermacht,
von niemandem mehr zu durchschauen;
sie bietet ein Haus, für Menschen gedacht
mit irrationalem Vertrauen.

In der Kirche möchte ich nicht mehr sein,
entmündigt von Dogmen und Zwängen,
auch bin ich nicht gern in einem Verein,
der geht nicht auf seine Probleme ein,
um sie vor der Welt zu verdrängen.

Angeregt von H. Küng: Ist die Kirche noch zu retten? (2010)

Ein Dichter stirbt

Dem armen
Henri Heine gewidmet.

Er fing einst in Deutschland zu dichten an,
dort wurde zensiert, was er schrieb,
da ging er nach Frankreich als freier Mann,
wo er sich verliebte und blieb.

Er wirkte als Dichter und Publizist
und mischte sich öffentlich ein
und wie das bei großen Männern so ist,
sie kämpfen am liebsten allein.

Da zeigte sich plötzlich und hoffnungslos
bei ihm ein tödliches Leiden,
das lähmte ihm langsam Glieder und Schoß
und zwang ihn, im Bett zu bleiben.

Die Zeit, die noch blieb, die kam ihm so vor
wie eine schaurige Schnecke,
die kroch an den dunklen Wänden empor
bis an die Schlafzimmerdecke.

In seinem Kopf ging es grauenhaft zu,
Gespenster wollten ihn packen,
und Schmerzen ließen ihn nicht mehr in Ruh,
die Angst saß ihm kalt im Nacken.

Er dachte an früher und sehnte sich
aus seinem Gefängnis heraus;
sein endloses Sterben war fürchterlich
und sein Zimmer ein Totenhaus.

Da klagte er über sein Missgeschick
und schrieb doch Gedicht um Gedicht;
sein letztes handelt nicht mehr vom Glück,
auch vom Glauben handelt es nicht.

Es handelt vom Tod, den er in sich spürt,
vergangen sind Liebe und Lust,
und was ihn bis dahin angerührt,
bewegte nicht mehr seine Brust.

Er starb in der Fremde, an einem Ort
des Leidens und der Vernichtung –
und starb er auch fern, so lebt er doch fort
im Lande der deutschen Dichtung.

Die Schönheit

Die Schönheit ist nicht sehr beständig,
es nagt an ihr der Zahn der Zeit,
der ist hingegen sehr lebendig
und keiner ist vor ihm gefeit.

Wunschkonzert

Es spielt ein Sinfonieorchester
zur allerbesten Sendezeit
für Freunde volkstümlicher Weisen
die Highlights der Vergangenheit.

Man zelebriert „Die Großen Meister",
die kennt ein jeder Klassik-Freak
in ganz Europa komponierten
sie ihre „Klassische Musik".

Wir kennen schon seit vielen Jahren,
den Cocktail ihrer Melodien,
die Hits aus Opern und Konzerten
als Ohrwurm oder Evergreen

von weltbekannten Stars der Szene,
die besten von New York bis Wien,
darunter drei bis zehn Tenöre
und zwölf Cellisten aus Berlin

und lauschen stumm wie in der Kirche
mit unbeweglichem Gesicht
und glauben Höheres zu hören,
was da in Tönen zu uns spricht.

Die „kleinen Meister" ignoriert man
und macht um sie nicht viel Tamtam,
wenn manche auch bekannter waren
als die Kollegen im Programm.

Lasst euch den Abend nicht verderben,
hört an, was ihr schon lange kennt;
ihr könnt die Stücke auch erwerben,
die man „The Best of Classic" nennt.

Die beiden Amseln

Sie starb in ihrem Jagdrevier
im dunkelbraunen Kleid,
kein Lebenszeichen kam von ihr
schon seit geraumer Zeit.

Und eine schwarze Amsel kam
zu jener toten hin,
ich glaube, dass sie Abschied nahm
von ihrer Partnerin.

Sie kam allein und ohne Scheu
und sah ihr Missgeschick
und kam, an jedem Tag aufs Neu,
an diesen Platz zurück.

Doch bald war alles wie es war,
es kamen wieder zwei;
der größte Schmerz ist wandelbar
und irgendwann vorbei.

Die beiden Streithähne

Ein Hahn kräht stolz auf seinem Mist:
Kü-kü-rü-üüü! Kü-kü-rü-üüü!
und glaubt, dass er der Größte ist:
Kü-kü-rü-üüü! Kü-kü-rü-üüü!

Das hört ein junger Hahn und denkt,
das kann ich schöner noch und fängt,
wie jener auch zu krähen an:
Kikeriki! Kikeriki!

Das wird dem stolzen Hahn zu bunt:
Kü-kü-rü-üüü! Kü-kü-rü-üüü!
Er droht ihm: „Hälst Du nicht den Mund
und lässt Dein freches Krähen sein,
dann schlag' ich dir den Schädel ein!"
Kü-kü-rü-üüü! Kü-kü-rü-üüü!

Die beiden Hähne, wie im Leben,
sie hielten sich in ihrem Wahn
für Böhmermann und Erdogan.

Die Sache wird zur Staatsaffäre;
man sieht sich nach Gesetzen um
und findet nichts, was passend wäre,
so kommt man um den Streit herum.

Am Schluss ist nicht so richtig klar,
Kü-kü-rü-üüü! Kikeriki!,
wer eigentlich der Sieger war.

Ein satirisches Gedicht auf die Erdogan – Böhmermann – Affäre vom April 2016, ausgelöst durch eine Satire von Jan Böhmermann in der ZDF-Fernsehsendung „Extra 3" auf Recep Tayyip Erdogan, den türkischen Staatspräsidenten.

Max und Moritz p.m.

Max und Moritz, diese Bengel,
auferstanden aus dem Grab,
blicken nun wie Unschuldsengel
schadenfroh auf uns herab.

Rühmen sich mit ihren Streichen,
und von Reue weit entfernt
sind sie immer noch die Gleichen,
haben nichts dazu gelernt.

Ihre Übeltätereien
sind auch heute noch modern,
eigentlich nicht zu verzeihen,
doch verzeihen wir sie gern.

Ob wir ihre Streiche lieben,
die sie für uns ausgeheckt,
weil wir es nicht anders trieben,
oder mehr dahinter steckt?

Ist ihr Beispiel nicht verderblich
oder gar ein Risiko? –
Jedenfalls sind sie unsterblich
und ihr Schöpfer ebenso.

Ein Intellektueller

Ich bin ein Intellektueller
und biete jedermann die Stirn;
ich lerne leicht und denke schneller
als andere mit dem Gehirn.

Es hat viel Zeit und Kraft gekostet,
um so ein kluger Kopf zu sein:
Wer ihn nicht ständig nutzt, dem rostet
auch der Verstand allmählich ein!

Das Streitgespräch ist meine Stärke
und Kritisieren meine Pflicht.
Ich schreibe anspruchsvolle Werke
aus intellektueller Sicht.

Und sage offen, was ich meine,
auch wenn es einmal gar nicht passt,
doch stehe ich damit alleine
und bin als Querulant verhasst.

Ich bin ein Intellektueller
und ecke immer wieder an,
ein unbequemer Fragensteller,
der seinen Mund nicht halten kann.

Mein letzter Weg

Auf meinem letzten Weg bin ich allein
und in der Ferne leuchtet mir kein Licht.
Das Ende ist für alle Menschen gleich –
ein Leben nach dem Tode gibt es nicht.

Was habe ich auf meinem Weg erreicht?
Was bleibt von mir, wenn ich gestorben bin?
War all mein Streben nicht der Mühe wert,
weil es vergeblich war und ohne Sinn?

Auch wenn das Leben voller Fragen war
mit Antworten, die es mir schuldig blieb,
und wenn es oft auch Krankheit war und Not,
so war es mir doch lebenswert und lieb.

Ich fühle mich am Ende wie ein Kind
und kehre froh in seine Welt zurück.
Die Tränen, die in meinen Augen sind,
begleiten meine Trauer und mein Glück.

Ein geregeltes Leben

Sie steht als Köchin in der Werkskantine
mit einem weißen Häubchen auf dem Haar,
und ihr Gesicht zeigt immer noch die gleiche Miene,
mit der sie früher auch schon rumgelaufen war.

Sie liebt den Koch und seine losen Sprüche
und schwärmt für Rock'n'Roll und Mickey Mouse;
tagsüber hilft sie ihm beim Kochen in der Küche,
und abends nimmt sie ihn zum Schlafen mit nach Haus.

Sie träumt vom Eigenheim und Kinderkriegen,
und was man sonst noch alles so begehrt,
und wie sie auf Mallorca in der Sonne liegen,
und dass sich keiner mehr beim Küchenchef beschwert.

Sie führt ein Leben, wie es viele führen,
nach einem allgemein beliebten Plan
und wird wohl erst in einem andern Leben spüren:
mit Arbeit, Lust und Wohlstand ist es nicht getan.

Bericht aus der Hölle

„Pech und Schwefel, Fegefeuer,
gibt es in der Hölle nicht,
es gibt keine Ungeheuer
und kein jüngstes Strafgericht.

Schlagen, Foltern und Kasteien
sind hier völlig unbekannt,
das sind lauter Quälereien,
die man anderswo erfand.

Auch der Teufel ist Erfindung
einer regen Phantasie,
keiner hat zu ihm Verbindung,
er ist bloße Theorie.

Statt Verzweiflung, Not und Trauer
findet jeder hier sein Glück
und es hat Bestand und Dauer,
niemand will von hier zurück.

Was sie vielerorts berichten
über Tod und Höllenfahrt,
bleibt uns allesamt erspart,
denn wir haben hier mitnichten
eine Hölle ihrer Art" –

Die Eule, der Kater und die Kuh

Eine Fabel

Im Wald, auf einer Weide,
stand unlängst eine Kuh
und sah aus Langeweile
den andern Kühen zu.

Sie hatte viel gefressen
und rülpste laut und tief,
das weckte eine Eule,
die in der Nähe schlief.

Die machte ein Theater,
ein wütendes Geschrei,
und lockte einen Kater
mit ihrem Lärm herbei.

Der packte sich die Eule
und fraß den Vogel auf,
ihr klägliches Geheule
nahm er dabei in Kauf.

Die Kuh erschrak und dachte:
„Hätt' ich sie nicht geweckt,
dann hätte dieser Kater
die Eule nicht entdeckt!"

So geht es auch im Leben:
Der eine ist die Kuh,
ein andrer ist der Kater,
die Eule – das bist Du!

Geiz ist geil!

Eine Grabrede

Er war in seinem ganzen Leben
ein guter Freund und Kamerad
und hat sein Letztes hergegeben,
auch wenn er es nicht gerne tat

und machte nichts, was er bereute,
half andern Menschen in Gefahr
und spendete für arme Leute,
sofern es ihm von Vorteil war.

Allein, er war uns nicht geheuer
und blieb ein Geizhals bis zuletzt
und hätte gern von seiner Steuer,
die Steuern wieder abgesetzt.

Jetzt liegt er hier zu unsern Füßen
in einem Sarg aus Eichenholz;
im Testament lässt er uns grüßen
und ist auf seine Taten stolz.

Es passt zu seiner Lebensweise,
wohltätig sein und trotzdem fies,
dass er für seine letzte Reise,
uns alle Kosten hinterließ.

„Gott sei ihm gnädig! Gute Reise!"
Er war als Mensch nicht eben groß
und starb auf seine Art und Weise.
Gott nimmt ihn auf, wir sind ihn los!

Das Geld, das er so emsig sparte,
das nahm er mit auf seine Fahrt,
weil er es in dem Sarg verwahrte,
mit dem er eingeäschert ward!

Global Players

„Global" ist das „Wort des Jahres",
„Global Player" muss man sein!
„Global" bringt allein schon bares
Geld den „Global Players" ein.

„Global Players" denken weiter,
über Hut- und Tellerrand,
„Global Players" sind gescheiter,
ausgebufft und weltgewandt.

Sie sind überall vertreten,
denn sie sind globalisiert,
ebenso wie die Moneten,
die man überall kassiert.

Heimlich, steuerfrei und leise
schiebt man Geld von hier nach da,
ist es nicht auf einer Reise,
schiebt man es nach Panama.

Haben „Global Players" Sorgen,
(nur wer zahlt ist etabliert!),
werden sie von heut auf morgen,
einfach wegglobalisiert.

Keiner warnt und hilft dem andern,
„Global Players" sind brutal,
denn ihr Kapital muss wandern,
es ist multinational.

„Global" ist in aller Munde.
„Global" gilt als fortschrittlich!
„Global geht die Welt zugrunde:
Jeder „globelt" nur für sich!

Meine Firma

Die Firma ist mein ganzer Stolz
und meines Lebens Sinn,
sie sorgt für meinen Unterhalt,
wofür ich dankbar bin.

Und hält zu mir und meint es gut,
ich zweifle nicht daran
und freue mich auf jeden Tag,
an dem ich kommen kann.

Doch wenn ich fünfundsechzig bin,
streicht sie mir meinen Lohn
und lobt und preist und feiert mich
und schickt mich in Pension.

Und schreibt, wenn ich gestorben bin,
wie sehr sie mich vermisst,
dass ich ihr treu ergeben war
und sie mich nicht vergisst.

Auf meine Firma bin ich stolz,
nur manchmal denke ich:
Bei allem, was sie für mich tut,
denkt sie auch stets an sich.

Denn als es kürzlich darum ging,
wer mich einmal ersetzt,
erklärte meine Firma mir,
mein Posten würde nicht von ihr
ein zweites Mal besetzt.

Die Kostenstelle

Diese Stelle gibt es gar nicht,
sie ist kein bestimmter Ort,
auch nicht eine der Behörden,
eben nur ein Modewort.

Jeder hat es auf den Lippen,
wenn es ums Bezahlen geht,
dazu braucht man eine Nummer,
die in einer Liste steht.

Ohne diese Nummer gibt es
weder Geld noch Protektion,
sie ist nötig für die Spesen
als auch für Gehalt und Lohn.

Sie bezeichnet eine Arbeit,
wird von allen hoch geehrt,
denn sie gibt uns die Gewissheit,
dieser Mensch ist noch was wert.

Grillsaison

Die Natur ist guter Dinge
zwischen Asphalt und Beton:
„Klinge, Frühlingsliedchen, klinge!",
es beginnt die Grillsaison.

Da sind alle Menschen heiter
und es steigt der Würste Duft
wie auf einer Himmelsleiter
qualmend in die Frühlingsluft.

Jeder fühlt sich jedem näher,
tut ihm seine Sorgen kund,
und man hört den Rasenmäher
von des Nachbarn Haus und Grund.

„Laue Luft kommt blau geflossen"
über Cola, Bier und Wein.
Ach, wie hat man es genossen,
eins mit der Natur zu sein!

Später dann, mit vollem Magen
und mit Ohren voller Krach,
geht man, sichtlich angeschlagen,
schlafen in sein Schlafgemach.

Einsam, über dem Geschehen,
flatterte ein „Blaues Band",
und der Frühling ließ es wehen,
doch kein Mensch hat ihn erkannt.

Neujahrsparty

In der alten Hafenschänke
feiern wir das Neue Jahr,
aufgestellt sind Tisch und Bänke
und die Plätze werden rar.

Jedes Jahr hat seine Mängel,
dieses hat noch keinen Schnee,
in der Schänke das Gedrängel
ist so groß wie eh und je.

Draußen fängt es an zu regnen.
Kaum ein Winter ist noch hart –
und man kommt, sich zu begegnen,
und die Party kommt in Fahrt.

Die Musik wird laut und lauter
und die Stimmung steigt und steigt
und wir singen vom Klabauter–
mann, der sich auf Schiffen zeigt.

Und so feiern wir die Jahre,
wie sie kommen und vergehn,
dazu gibt es Bier und Klare,
bis wir alles doppelt sehn.

Lange noch, vom alten Hafen,
hört man unseren Gesang,
dann geht auch der letzte schlafen
und mit ihm der letzte Klang.

Heftiger die Winde wehen,
merklich kühler ist es auch;
in der Schänke bleiben stehen
Fischgeruch und Tabakrauch.

Vater Rhein

Ich liege hier auf einer Bank
bei dir, o Vater Rhein,
bin ich auch müde, alt und krank,
bin ich doch nicht allein.

Da höre ich von weiter vorn
das Lied der Loreley,
gespielt auf einem Martinshorn
der Streifenpolizei.

Die Melodie dringt mir ins Ohr
als ein verzerrter Hit,
doch was zum Teufel geht da vor,
die nehmen mich ja mit!

Jetzt liege ich im Krankenhaus
und mir ist gar nicht wohl;
ein Arzt pumpt mir den Magen aus
mitsamt dem Alkohol.

Ich bitte dich, o Vater Rhein,
hilf mir in meiner Not
und schicke mir ein Gläschen Wein
und eine Scheibe Brot!

Doch Vater Rhein ist nur ein Fluss,
den das nicht weiter stört,
der immer fließt und fließen muss
und niemanden erhört.

Der Reim ist tot ...

Der Reim ist tot, wir haben ihn begraben,
das große Reimeschmieden ist vorbei.
Man soll von Toten ja nichts Schlechtes sagen:
Es geht auch ohne Reim und Reimerei!

Wir jungen Dichter hassen seine Zwänge,
in unsern Werken kommt er gar nicht vor,
wir fühlen uns beengt durch seine Enge
und haben unsern eigenen Humor.

Wir schreiben freie Verse ohne Ende
und lassen unsern Rhythmen freien Lauf.
Der Reim ist tot, wir reiben uns die Hände,
und alle jungen Dichter atmen auf.

Doch fürchten wir, er könnte auferstehen,
bei vielen ist er nach wie vor beliebt,
das Reimeschmieden könnte weitergehen,
solang es Reime und Gedichte gibt.

Das renommierte JAHRBUCH DER LYRIK (S. Fischer Verlag, 2007) verzeichnet in seinem Jubiläumsband (Die schönsten Gedichte aus 25 Jahren) 240 Gedichte, davon 26 gereimte.

Wir schaffen das

Von Krieg und Terror ausgezehrt
sind sie in großer Zahl,
geflohen vor Gewalt und Not
und hatten keine Wahl.

Nicht jeder nimmt sie gerne auf
bei sich, in seinem Ort,
und mancher denkt: „Das Beste ist,
man schickt sie wieder fort!"

Sie sind als Flüchtlinge im Land
ein großes Risiko
für die Finanzen und den Staat,
für Bürger sowieso.

Ihr Schicksal ist beklagenswert,
doch kommen viel zu viel,
auch wählen sie für ihre Flucht
fast immer nur ein Ziel.

Das ist die Bundesrepublik,
sie gilt als stark und reich
und hat bereits signalisiert:
„Kommt her, wir helfen euch!"

Mit diesem schnellen Angebot
steht sie jedoch allein,
denn Hilfe sollte einheitlich
und europäisch sein.

Ob das so bald und reibungslos
gelingt in der EU
ist fraglich, und so macht man erst
einmal die Grenzen zu.

Es litten in Europa schon
vor gar nicht langer Zeit
sehr viele Menschen große Not
und hofften auf Asyl und Brot
und auf Barmherzigkeit.

Vgl. die Judenverfolgungen im Dritten Reich und die Konferenz von Évian,
Frankreich, Juli 1938.

Ansichten eines Touristen

Schließlich, beim Rundblick vom Campanile,
sagte er, dass ihm hier nichts gefiele.
Er hätte die Reise nun gründlich satt,
Venedig sei eine sterbende Stadt,
dem Tod durch Ertrinken im Meer geweiht,
der Zeitpunkt nur eine Frage der Zeit,
vorherbestimmt durch höheres Walten
und deshalb von niemandem aufzuhalten,
er denke wie all die Menschenmassen:
Venedig sehen und – sterben lassen.

Mozart forever

Für seine Fans ist er der Größte
und längst auch eine Kultfigur
und gar nicht wieder wegzudenken
aus Werbung, Handel und Kultur.

Man hört und spielt ihn alle Tage
und das nun schon zweihundert Jahr,
die Welt vergöttert seine Werke
und feiert ihn als Superstar.

Für seine früheren Kollegen,
die gab es einst in großer Zahl,
war er nur einer unter vielen
und manchmal auch nur zweite Wahl.

Sie waren starke Konkurrenten
und auf der Höhe ihrer Zeit,
bekannt, beliebt und sehr erfolgreich
beim Volk und bei der Obrigkeit.

Jetzt sind sie allesamt vergessen,
man jubelt nur noch Mozart zu,
und keiner kann sich mehr erinnern
an Dittersdorf und Koželuh.

Der Köter

Der Kopf ist schwer, das Fieber steigt.
Ich huste laut, der Köter schweigt.

Das Ohr ist taub, die Nase läuft.
Ich habe Durst, der Köter säuft.

Der Hals tut weh, das Auge tränt.
Ich denke nach, der Köter gähnt.

Die Stirn ist heiß, der Puls geht schwach.
Der Köter schläft, ich liege wach

und bin gereizt. Was ich auch tu:
Der Köter lässt mir keine Ruh!

Adelheid und ihr Verehrer

Ich möchte dir zum Abschied sagen,
doch leider hörst du es nicht mehr:
Mein Herz hat nur für dich geschlagen.
Ich liebe dich. Du fehlst mir sehr!

Jetzt müssen um ihr Dasein bangen
der Chef, der Schilling und der Pohl
und ihre Mörder selber fangen,
nur dabei ist mir gar nicht wohl.

Du hast mit viel Gespür und Logik
für sie die Täter überführt
und außerdem mit deiner Komik
so gut wie jeden amüsiert.

Ach, könntest du doch weiter machen
in deinem himmlischen Büro,
dann gäbe es noch viel zu lachen
und Mord und Totschlag sowieso!

In Anlehnung an die Fernsehserie „Adelheid und ihre Mörder" mit Evelyn Hamann (gest. 2007) in der Hauptrolle.

Mein Gartenzwerg

Ich liebe meinen Gartenzwerg
im Garten vor dem Haus,
und voller Glück und Dankbarkeit
schau ich zu ihm hinaus.

Er redet nicht und lächelt nur
und hält sich sehr zurück.
Der Garten ist sein Paradies
und er mein bestes Stück.

Wir sind ein eingespieltes Paar,
das fest zusammenhält
und sich in allem gut versteht
und nicht infrage stellt.

Ich liebe meinen Gartenzwerg,
er ist mein ganzes Glück,
und wenn ich einmal sterben muss,
lass ich ihn im Stich.

Dann kriegt er einen Ehrenplatz
im Himmel neben mir;
ich hoffe nur, der liebe Gott,
ist ebenfalls dafür.

Mein Garten

Zu meinem Haus gehört ein Garten,
den habe ich so manches Jahr
gehegt, gepflegt und wohl behütet,
weil er mir lieb und teuer war.

Jetzt bin ich alt, die Kräfte schwinden,
der Garten grünt und blüht nicht mehr.
Er ist mir längst zur Last geworden,
denn seine Pflege fällt mir schwer.

Vorbei sind all die schönen Jahre
und mich erwarten Tod und Grab.
Bald wird sich niemand mehr erinnern,
dass es ihn wirklich einmal gab.

Aus einer anderen Welt

Zur Erinnerung an
Tadeusz Borowski

Der Schlamm,
der süßliche Geruch und
der rauchverhangene Himmel.

Der Hunger,
die tägliche Angst und
die tiefen Demütigungen.

Die Rampe,
die endlosen Transporte und
die Flammen über den Krematorien.

Bei uns in Auschwitz,
inmitten der Zerstörung und
des Todes.

Da war kein Gott

Mit Gott kam ich nach Auschwitz
und musste erfahren:

„Wenn man sich auf Gott verlässt –
landet man in Birkenau."

Nichts aber ist überzeugender
als die eigene Erfahrung
und so blieb ich bei dem,
was ich dort gelernt hatte.

Heute, im jüdischen Altenheim,
bin ich immer noch der Meinung
von damals: Da war kein Gott,
der mir hätte helfen können

Das Zitat stammt von Sigmund Plutznik, einem jüdischen Widerstandskämpfer
und Auschwitz-Überlebenden, Frankfurt 2013.

Unter Überlebenden

Ich bin dem Tod so nahe
in eurem Kreis
und möchte vieles fragen,
was ich nicht weiß.

Ich sehe eure Leiden
und eure Not,
ein Schicksal zu ertragen,
das euch bedroht.

Ich höre eure Botschaft,
sie trifft mich hart,
damit zu überleben,
bleibt mir erspart.

Unsere atomare Situation

„Was jeden treffen kann, betrifft jeden."
Günther Anders

„Ein Atomkrieg,
ist zwar denkbar,
praktisch aber unmöglich.

Das wäre ja
die Zerstörung der Erde;
das wäre ja
der Untergang unserer Kultur;
das wäre ja
das Ende der Menschheit;
das wäre ja
ganz allein unsere Schuld.

Das ist ja
gar nicht auszuhalten,
dieser ständige Gedanke
an einen möglichen Atomkrieg."

Stroiter Mühle

Kalt über die Felder weht der Wind.
Hoch liegt der Schnee auf der Ackerkrume.
Fern von der Mühle her ruft ein Kind.
Kahl und verdorrt ist die Sonnenblume.

Unsicher geh' ich den Gräsern nach,
die, wie ich glaube, am Wegrand stehen.
Neben mir schwarz und vereist der Bach,
vor mir die Mühle, umschwirrt von Krähen.

An einer Senke endet der Weg,
hier weiß ich nicht, wie ich weiterkomme.
Hinter den Flügeln der Mühle steht
einsam am Himmel die Wintersonne.

Sommer am Altendorfer Berg

Kiefernwald und Felsgestein,
eingegrabene Wagenspuren,
Wolken, die im Sonnenschein
Schatten werfen auf den Fluren.

Roter Mohn und Ginsterstrauch,
wilde Rosen dunstumgeben;
Blütendüfte, die wie Rauch
sanft sich in die Luft erheben.

Schwalbenschwung und Amselschlag,
kühler, glanzdurchwirkter Morgen.
Langersehnter Sommertag,
unbeschwert von Angst und Sorgen.

Vom rechten Glauben an die gute Sache

Den *Wissenschaftlern* glauben wir,
weil sie die gute Sache
am besten kennen und verstehen.

Den *Experten* glauben wir,
weil sie die gute Sache
mit den besten Argumenten vertreten.

Den *Politikern* glauben wir,
weil sie sich für die gute Sache
nach bestem Wissen und Gewissen einsetzen.

Den *Medien* glauben wir,
weil sie uns über die gute Sache
am besten informieren und aufklären.

Den *Unternehmen* glauben wir,
weil sie die gute Sache
zu unserem Besten produzieren und vertreiben.

Wir glauben fest daran,
dass die gute Sache auch gut geht.

Das Lied vom sauren Regen

(Nach der Melodie: Nun ruhen alle Wälder)

Ein Notruf ist gekommen,
wir hören ihn beklommen:
Der Wald ist in Gefahr!
Die Bäume steh'n und leiden,
es tropft von ihren Zweigen
ein saurer Regen Jahr für Jahr.

Wie ist die Luft entschieden
verschmutzt mit Stickoxiden
und Schwefeldioxid!
Wir aber diskutieren
und bagatellisieren
die Folgen, die man jetzt schon sieht.

Seht ihr den Baum dort stehen?
Er ist doch noch zu sehen!
Das ist so unsre Sicht.
Den Tod im dürren Wipfel,
den kahlen Ast, die Gipfel
mit gelben Blättern sehn wir nicht.

Wir stolzen Wohlstandskinder
sind arge Umweltsünder
mit rücksichtslosem Ziel.
Wir ahnen zwar das Ende
und reden von der Wende,
nur ändern wollen wir nicht viel.

So legt euch denn, ihr Wälder,
ihr Wiesen und ihr Felder
ins saure Massengrab.
Die Schwätzer und die Schläfer
und auch der Borkenkäfer,
sie folgen euch schon bald hinab.

Bis zum Letzten

Wo man auch immer steht im Leben,
man setzt sich bis zum Letzten ein
und glaubt, es kann nichts Größres geben,
als ganz weit vorn dabei zu sein.

Doch bleibt im Kampf um Geld und Ehre,
um den es sich tagtäglich dreht,
nicht selten ein Gefühl von Leere,
weil alles nur noch darum geht.

Dann macht man eine kurze Pause
und fragt nach seines Lebens Sinn
und rätselt: Wo bin ich zuhause?
und auch: Wo geht die Reise hin?

Nur zeigt sich bald: die Fragen stören!
Man wird durch sie nur abgelenkt
von seinem Wahn, auf nichts zu hören,
was nicht mit Geld zusammenhängt.

So geht es unverändert weiter:
Man kämpft erneut um Geld und Gut
und wird sein Lebtag nicht gescheiter,
bis man erschöpft im Grabe ruht.

Bunte Luftballons

Meine Enkelkinder kommen
selten zu Besuch, sie leben
einige Stunden von mir entfernt.
Diesmal hatten sie bunte
Luftballons mitgebracht
und aufgeblasen und überall
in der Wohnung verteilt.

Wenn ich durch die Räume gehe,
finde ich sie in jeder Ecke.
Ich stoße sie vorsichtig an,
und sie rollen zur Seite,
machen kleine Luftsprünge oder
treffen aufeinander und gruppieren
sich neu auf dem Fußboden.

Beim Abschied blieb keine Zeit,
sie einzusammeln und
die Luft herauszulassen.
Inzwischen habe ich mich
an sie gewöhnt – sie gehören
jetzt zu meinem Alltag und
ich möchte sie nicht mehr missen,
die bunten Luftballons
meiner Enkelkinder.

Auf dem Weg nach Hause
freue ich mich jedes Mal darauf,
sie dort vorzufinden, die bunten
Luftballons meiner Enkelkinder.

Auf Schatzsuche

Für Ille

Wo er vergraben liegt, ist unbekannt,
denn er ist auf keiner Karte verzeichnet
und gilt als verschollen. Überflüssig zu sagen,
dass er kostbar und schwer zu finden ist.

Ich werde wohl lange suchen müssen,
auf Zufälle oder gar Wunder hoffen und warten.
Das wird dauern, denn er ist einmalig und
falls es ihn tatsächlich gibt, gut versteckt.

Ich könnte mein Glück mit ihm machen.
Deshalb bin ich täglich hinter ihm her.
Was er wert ist und ob er nur für mich da ist,
wird sich zeigen, wenn ich ihn gefunden habe.

Jetzt werde ich nicht länger über ihn reden,
um keine Konkurrenten anzulocken
und um mein Geheimnis nicht zu verraten ...
dass ich ihn nämlich schon gefunden habe –
meinen Schatz!

Ein großer Humorist

Zum 100. Todestag
von Wilhelm Busch

Es ist gar nicht leicht zu machen,
so ein komisches Gedicht!
Einerseits ist es zum Lachen,
andrerseits auch wieder nicht.

Einen gibt es, dem es glückte,
der darin ein Meister ist
und uns schon als Kind entzückte:
Wilhelm Busch, der Humorist!

Stammen doch aus seiner Feder,
Verse, die man gern zitiert,
weil sie lustig sind und jeder
sich darüber amüsiert.

Ihre Komik stimmt uns heiter
und hat jeden noch erreicht.
Niemand wird durch sie gescheiter,
aber fröhlicher, vielleicht!

Doch man wundre sich und staune,
das ist nur ein Alibi.
Hinter Witz und guter Laune
steckt ein tragisches Genie!

Heute nun, nach 100 Jahren,
sind sie immer noch beliebt,
weil sie schon unsterblich waren,
seit es sie im Handel gibt.

Ein Mäuseleben

Eine Fabel

Die Mäuse liefen hin und her,
die Vorratskammern waren leer,
doch jetzt, im Herbst, aus vielen Gründen
war Nahrung leicht und schnell zu finden.

Sie liefen runter, liefen rauf
und füllten ihren Vorrat auf;
wenn es im Winter stürmt und schneit,
ist dafür nicht die rechte Zeit.

So dachten sie den ganzen Tag
an Sammeln, Fressen, Müh und Plag,
an Kälte, Schnee und Hungersnot,
und manchmal auch an ihren Tod.

Nur eine Maus, die sträubte sich
und fand dies Leben fürchterlich,
sie saß und träumte vor sich hin
und hatte Höheres im Sinn.

„Ich sammle auch", so sagte sie,
„mein Vorrat aber endet nie.
Er ist von ganz besondrer Art
und wird auch anders aufbewahrt.

Ich speichere den Sonnenschein
und fange Mond und Sterne ein,
Geschichten und Gitarrentöne,
den Blumenduft – kurz: alles Schöne.

Auch von der Kunst bin ich besessen,
die brauche ich, wie ihr das Fressen,
genieße sie in vollen Zügen
zu meinem eigenen Vergnügen:

Was wir als Künstler in uns tragen,
ist mehr als nur ein voller Magen,
denn wer sich von der Kunst ernährt,
hat alles, was das Herz begehrt."

So sprach die Maus und hörte nicht,
sah alles nur aus ihrer Sicht
und lebte in den Tag hinein,
um unbeschwert und frei zu sein.

Doch als der Herbst zu Ende ging,
der Hunger an zu quälen fing,
da blieb ihr, um zu überleben,
nichts weiter, als sich zu bewegen
und einen Vorrat anzulegen.

Nach einem Gedicht von Hans-Jürgen Gundlach, Meinersen.

Wo bist du?

Wenn ich dich suche,
finde ich dich nicht!

Wenn ich auf dich warte,
kommst du nicht!

Wenn ich dich rufe,
antwortest du nicht!

Wenn ich dich brauche,
bist du nicht da!

Wo bist du, wenn ich sterbe?

Musica Antiqua

Für Wolfgang K.

Ich liebe es antik,
ob Renaissance, Barock, ob andersrum;
ich sehe mich in alten Zeiten um
aus Liebe zur Musik.

Und höre sie, so oft ich kann
und nehme alles, was sie bietet auf
und folge ihrem klassischen Verlauf,
das rührt und spricht mich an.

Wenn dann der letzte Ton verklingt,
ist sie mir lange noch präsent
in meinem Kopf, der ihre Sprache kennt
und wo sie Kindern gleich im Kreise rennt
und Glück und Freude bringt
und singt.

Keine Vakanz

Die Sixtinische Madonna singt nicht und
im Grünen Gewölbe ist es still geworden.
Hofkapelle und Hofoper haben sich aufgelöst.
Auf den Straßen herrschen jetzt andere Gesänge.

Für Zelenka gibt es eine Gedenktafel. Wer aber kennt
seine Musik und die Kleine Brüdergasse, wo er starb?
Und wo sind eigentlich Hasse, Fasch, Schütz, Heinichen,
Fisendel, Quantz, Weiss und all die anderen geblieben?

Ihre notenschweren Partituren liegen in den Archiven
und warten darauf, gespielt und gehört zu werden
und obwohl ihre Musik an glanzvolle Jahre erinnert,
gibt es nur noch wenige, die sie kennen!

Wir haben für sie keine Vakanz in unserem Leben,
keine freie Stelle mehr, wo sie weiterleben könnten.
Dieses Schicksal teilen sie mit vielen ihrer Kollegen,
die es auch heute noch verdienen, gehört zu werden.

Bunter Schmetterling

Ein bunter Schmetterling begleitet mich beim Wandern,
fliegt hin und her und manchmal auch im Kreis.
Auf seinem Weg folgt einer kurze Zeit dem andern,
die Sonne steigt und langsam wird es heiß.

Noch in der Ferne leuchten seine blauen Augen.
Ich schaue ihm beim Fliegen hinterher
und sehe ihn noch schnell an einer Blüte saugen,
ach, morgen gibt es ihn vielleicht nicht mehr!

Dann ist er unter Bäumen im Gebüsch verschwunden
und alles sieht genau wie vorher aus;
ich aber weiß: hier flog er eben seine Runden
und fliegt und flattert fröhlich jetzt nach Haus.

Herbstgewitter

Die Blätter wirbeln durch die Lüfte
und sammeln sich am Straßenrand.
Der Wind jagt dunkle Wolkenfelder
mit Blitz und Donner übers Land.

Um mich herum verstummt das Leben,
die Bäume neigen sich herab,
es rauscht und tobt in ihren Wipfeln,
und manchmal brechen Zweige ab.

Die ersten Regentropfen fallen
und graue Nebel steigen auf.
Der Himmel geht im Chaos unter.
Ich blicke sorgenvoll hinauf

und sollte mich jetzt unterstellen.
Da plötzlich bricht das Wetter los.
Der Regen läuft an mir herunter,
und meine Nerven liegen bloß.

Ich suche Schutz in einer Scheune,
die steht als letzte Zuflucht da.
Ich bin durchnässt und außer Atem,
erschöpft und dem Verzweifeln nah.

Doch dann ist alles schnell vorüber,
die Sonne scheint, der Weg ist frei.
Die Wetterfront ist abgezogen
und das Gewitter ist vorbei.

Herbstliches Ambiente

Die bunten Blätter treiben leise
im Wind, der sie zu Grabe trägt.
Zugvögel gehen auf die Reise
und schreien und sind aufgeregt.

Die Früchte fallen von den Bäumen,
die letzte Ernte kommt herein:
Jetzt wird es Zeit, um aufzuräumen
und ehrlich mit sich selbst zu sein.

Schon häufen sich die Regentage
und trüb und neblig wird die Sicht.
Es ändert sich die Wetterlage,
ich aber ändere mich nicht

und finde gute Argumente,
um so zu bleiben, wie ich bin.
In diesem herbstlichen Ambiente
geht mir der Tod nicht aus dem Sinn.

Im Totengrund

Dämmerung über der Heide.
Einsame Stimmen im Tal.
Ahnungsvoll steh ich und schweige
vor einem Gräbermal.

Heimische Lieder erklingen,
sind mir von Kindheit vertraut,
um meine Füße sich schlingen
Gräser und Heidekraut.

Hinter dem steinernen Grabe
bis an des Talgrundes Rand:
still und gewunden die Pfade
Spuren im Heidesand.

Dunkle Wacholdergesträuche
drängen sich lautlos heran.
Sagen und heidnische Bräuche
rühren mich seltsam an.

Zauberer seh ich, Dämonen.
Ruhelos ziehen umher
Geister, die Dolmen bewohnen,
Angst vor der Wiederkehr.

Flackernde Feuer im Grunde,
Asche und Totengebein.
Über der nächtlichen Stunde
magischer Widerschein.

Unter der Heide begraben
liegt die verlorene Zeit:
Steine von Steinen getragen.
Tod und Vergänglichkeit.

Die Störche von Bruck

In Bruck war ich oft und gern zu Gast,
wenn im Sommer die Störche nisten
und mache nach Jahren dort wieder Rast
mit anderen Tagestouristen.

Ich speise im Gasthaus Grüner Kranz,
wo die Freunde mit mir gesessen.
Die Störche fliegen und suchen ganz
in der Nähe nach ihrem Fressen.

Beim Heurigen sitze ich allein
im Buschenschank, draußen im Freien.
Der Wirt bringt ein Glas von dem neuen Wein
und die Störche klappern und schreien.

Die Freunde sind fort, ich denke nach,
über Bruck und die alten Zeiten
und sehe ein Storchenpaar auf dem Dach
mit dem eigenen Nachwuchs streiten.

Dann rufe ich nach der Kellnerin
und zahle den Wein und die Speisen.
Ich wünschte, die Störche flögen dort hin,
wo auch ich bin auf meinen Reisen.

Am Abend, während der Dämmerung,
verlasse ich Bruck und die Lieben.
Nur die Störche und die Erinnerung,
sind von ihnen mir noch geblieben.

Sterbenszeit

In meinem Leben ist es still geworden,
der Tod erwartet mich schon an der Tür
und könnte mich noch heute sterben lassen,
doch fehlt ihm wohl ein guter Grund dafür.

Wenn ich bedenke, was im Leben zählte
und was von andern Menschen übrig blieb,
dann waren es die großen Heldentaten,
die man bewunderte und niederschrieb.

Ich habe nichts dergleichen vorzuweisen,
ich widmete mich ganz der Poesie
und schrieb Gedichte, die mir besser lagen,
denn Heldentaten mochte ich noch nie.

Doch sollte ein Gedicht mich überleben,
weil es den Menschen aus der Seele spricht,
dann würde ich mich stolz und glücklich fühlen
und große Taten kümmerten mich nicht.

Die Zeit läuft ab, die Fristen werden kürzer,
ich stelle mich beizeiten darauf ein.
In meinem Leben ist es still geworden
und bald wird es für mich zu Ende sein.

Urlaub in Bad Grund

Seit Jahren und immer wieder
kommen wir nach Bad Grund
und pflegen die müden Glieder
im Badehaus gesund.

Wir trinken und inhalieren
und machen Gymnastik mit
und halten uns durch Massieren
und Schwimmen täglich fit

und werden mit Moor behandelt,
bis allen der Schweiß ausbricht:
Das Kurhaus hat sich gewandelt,
die Leiden leider nicht!

Im Wald, auf den Wanderungen,
sind wir dann von allem frei,
den Bädern und Anwendungen,
der ganzen Kurerei.

Hier haben wir keine Sorgen
und keiner fühlt sich mehr krank:
Die Sorgen kommen erst morgen
auf der Massagebank.

Doch abends, nach ein, zwei Bieren,
sind alle noch froh und nett,
man möchte sich amüsieren
und geht erst spät zu Bett.

Wir träumen vom Erz der Berge,
von Riesen am Hübichstein
und schlafen im Reich der Zwerge
am Ende schließlich ein.

Im Panaché

Ach, könnt' ich noch einmal im Panaché,
Geliebte, dein Händchen halten!
dann wäre ich überglücklich, „Juchhe!"
und wir wären wieder wie einst „Olé!,
die beiden verliebten Alten.

Ins Gästebuch geschrieben

Es fällt mir keine Zeile ein,
kein Lied und kein Gedicht,
das kann schon morgen anders sein
und ändert sich von ganz allein,
nur heute leider nicht.

Wunschträume

Ich wünsche mir ein Publikum,
das liebevoll mein Werk betrachtet
und meine Bücher kauft, kurzum,
das mich als Dichter ehrt und achtet.

Begegnung in Pisa

Es lächelte in Pisa
mir zu, die Mona Lisa,
worauf ich ihr von vis-à-
vis zurief: „Hallo, Lisa!
Was machst du hier in Pisa?"

Unterdrücktes

Was immer Menschen unterdrücken,
weil keiner es bekennen mag
und sei es auch mit List und Tücken,
die Sonne bringt es an den Tag.

Vor dem Grabstein

Der du vor meinem Grabstein stehst,
hör mir gut zu und präg dir ein:
Auch du wirst bald im Grabe liegen
und ebenso vergessen sein!

Tour de farce

Sie sitzen viele Tage lang
im Sattel ihrer Räder
und fahren voller Siegesdrang,
auf Berge und durch Täler.

Sie holen ihre letzte Kraft
aus Doping-Präparaten
und haben ihre Tour geschafft,
doch ihren Sport verraten.

Den Titel geben sie zurück,
doch keiner will gestehen,
und jeder hofft mit etwas Glück
wird es schon weiter gehen.

Das Ganze ist kein Einzelfall
und wird sich wiederholen,
denn Drogen werden überall
im Leistungssport empfohlen.

Und wird es immer schwieriger,
sie zu analysieren,
dann wird man umso gieriger,
sie schnell auszuprobieren.

Abschied von Sven

Für Sven

Mein lieber Sven, du bist nun schon
fast zwanzig Jahre auf der Erde.
Du bist noch jung, ich werde alt
und hoffe, dass ich älter werde.

Wenn ich einmal gestorben bin,
bleibst du zurück aus meinem Leben.
Das ist so etwas wie ein Sinn,
den wir uns gegenseitig geben.

Denk an die Tage, die wir einst
so froh und sorgenlos verbrachten,
doch auch an manche Reiberei,
und wie wir miteinander lachten.

Denk an die Plätze, die wir oft
besuchten und vor allen Dingen
an unser Abendritual,
bevor wir auseinander gingen.

Denk auch daran, was wir geplant
und ausgeführt in all den Jahren
und wie wir uns beim Yu-Gi-Oh!
und am Computer einig waren.

Es macht mich traurig, wenn ich jetzt
für dich die letzten Verse dichte,
denn vieles bliebe noch zu tun
am Ende unserer Geschichte.

Leb wohl, es war die Zeit mit dir
ein großer Glücksfall meines Lebens.
Ich liebe dich und glaube mir,
es war schon deshalb nicht vergebens.

Was auch geschieht, mein lieber Sven,
ich lebe fort in deinem Leben
und alles, was ich dir einst gab,
das würde ich dir wieder geben.

Lebenslauf

Das Leben ist ein Rauf und Runter
und manchmal auch ein Hin und Her,
doch nicht genug, es legt mitunter
sich leider auch noch kreuz und quer.

Keine Zeit

»Das Dilemma unserer Zeit
ist der Mangel an Zeit«

Wir haben keine Zeit.
Wir nehmen uns keine Zeit,
Wir gehen mit der Zeit,
denn Zeit ist Geld.

»Den einen nimmt
die Zeit das Geld, den anderen
das Geld die Zeit«

Die Zeit ist viel zu kurz.
Die Zeit läuft uns davon.
Es bleibt uns keine Zeit,
sie tot zu schlagen.

Der Tod als Freund

O Tod, ich bin
dem Sterben nah
und fühle es:
Du bist schon da.

Erlöse mich
und zeige mir
den letzten Weg
hinweg von hier.

Sing mir ein Lied
von Trost und Ruh
und drücke mir
die Augen zu.

Dann gib, als Freund,
mir deine Hand
und führe mich
ins Niemandsland.

Demografischer Wandel

Den Deutschen
gehen die Sänger aus.
Im Land der Meistersinger
fehlt es an Stimmen.

Den Deutschen
gehen die Priester aus.
Im Land der Kirchen und Dome
fehlt es an Gläubigen.

Den Deutschen
gehen die Kinder aus.
Im Land der Kindergärten
fehlt es an Nachwuchs.

Im Land der Dichter und Denker
ist es kälter und dunkler geworden
und die Menschen werden
weniger und älter.

In Deutschland
gehen die Lichter aus.

Düsseldorf am Rhein

In Düsseldorf am Rheine,
da komm ich gern vorbei
als Freund von Heinrich Heine
und seiner Loreley

und auch von Robert Schumann
und ihrer ganzen Zeit.
Hier kam so mancher Gast an
in der Vergangenheit.

Die Kunst hat hier ein Plätzchen,
die Mode und das Alt
und noch so manches Schätzchen
hier seinen Aufenthalt.

Man pflegt ein sehr galantes
weltoffenes Milieu
und liebt ein elegantes
Flanieren auf der Kö.

Hier wohnen auch die Narren,
Jan Wellem und der Wein,
hier möchte man verharren
und sich des Lebens freun.

Es gibt noch viel zu sagen
von Düsseldorf am Rhein,
ich schlage vor, Sie fragen
mal den Verkehrsverein.

Aleppo

Kann man schweigen über Aleppo,
den Untergang des Morgenlandes,
die Vergehen der Barbarei an der
Menschlichkeit?

Da fallen unsere Werte und unsere
Kultur vor den Augen der Welt.
Die Hoffnung ist bereits gestorben
und der Himmel tut sich nicht auf.

Vergebliches Warten auf Feuerpausen
und Waffenruhen in einer Stadt
aus Schutt und Asche.

Kann man schweigen über Aleppo
und es den Nachrichtensprechern
und Politikern überlassen?

Wird man nicht wieder sagen:
Ihr seid dabei gewesen und habt es
geschehen lassen?

Dein vergessener Brief

Ich habe kürzlich deinen Brief gelesen,
du schriebst ihn schon vor langer Zeit.
Ich bin seitdem viel unterwegs gewesen
in meiner eigenen Vergangenheit.

Du kannst dich sicher gar nicht mehr erinnern,
was du mir damals alles schriebst.
Jetzt sagt mir ein Gefühl in meinem Innern,
dass du mir immer in Erinnerung bliebst.

Du weißt, auf so was wollte ich nicht hören,
das war nur ein Gefühl für mich.
Du konntest dich darüber sehr empören,
jetzt sagt mir das Gefühl: Ich liebe dich.

Ich werde diese Antwort nicht verschicken.
Die Treue stirbt, wenn man sie bricht –
und ohne sie kann keine Liebe glücken,
und das verändert sich so schnell auch nicht.

Das Bächlein

Im Stil der Romantik

Ich hört ein Bächlein rauschen
in einer stillen Nacht
und musst ihm immer lauschen:
an dich hab ich gedacht –

Das Bächlein, das ich meine,
geht mir nicht aus dem Sinn,
wenn ich für mich alleine
und ganz verzweifelt bin.

Es floss in deinem Leben
und fließt noch immerfort
und wird erst Ruhe geben
an einem fernen Ort.

Nautische Probleme

Die Leuchtfeuer
der Vergangenheit sind erloschen,
die Orientierung verloren.

Worte und Zeichen
haben sich verändert.
Alltägliche Manöver führen
in ausweglose Situationen.
Notsignale kehren
als Irrlichter zurück.

Über den Karten,
die Navigatoren ratlos:
Alte Positionen
fordern neue Koordinaten!

Auf dem Brocken

Auf dem Brocken ist es trocken
und die Sonne sticht.
Die Natur macht eine Pause,
ich pausiere nicht.

Viele Steine sieht man liegen
in der Mittagsglut.
Müde tragen mich die Beine,
doch die Sicht ist gut.

Für gewöhnlich ist es kälter
und es weht ein Wind.
Heute ist es heiß und ruhig
und die Luft ist lind.

Von des Berges kahlem Gipfel
schaue ich hinab
auf die dunklen Tannenwälder
in mein kühles Grab.

Herbstlich

Die Blätter sind gefallen,
der Wind treibt sie umher,
auf den entlaubten Zweigen
singt jetzt kein Vogel mehr.

Der Sonne fehlt die Stärke,
die Luft ist klar und kalt
und auf dem alten Friedhof
rauscht winterlich der Wald.

Ich stehe dort umgeben
von Gräbern und von Ruh,
wenn ich die Augen schließe,
gehöre ich dazu.

Entsorgung der Welt

Es blühen keine Blumen
vor einem Abflussrohr,
auf Plastik und Bitumen,
Beton und Styropor.

Es leben keine Tiere,
wo nicht auch Pflanzen sind,
im Öl, in Dreck und Schmiere
im luftverschmutzten Wind.

Noch leben auch wir Menschen
in dieser kranken Welt;
wir haben es verschuldet
durch Gier nach Ruhm und Geld.

Es liegt die Welt im Sterben
trotz Wohlstand und Kultur –
Da bleibt für unsre Erben
nur noch die Müllabfuhr.

Am Ende

Ich bin am Ende angelangt,
was bleibt mir noch zu sagen?
Ich habe keine Wünsche mehr
und keine letzten Fragen.

Ich bin bereit, es war sehr schön
mit Körper, Geist und Seele –
ein Wiedersehen gibt es nicht,
lebt alle wohl und grämt euch nicht,
wenn ich mich jetzt empfehle.

Inhalt

174

Manfred Burba

Geboren 1936 in Walsrode, alleinstehend, zwei Kinder, wohnhaft in Einbeck. Aufgewachsen in der Lüneburger Heide. Nach dem Abitur in Walsrode (1957) Studium der Chemie, Pharmakologie und Biochemie der Pflanzen an der Georg-August-Universität Göttingen. Diplomexamen (1963) und Promotion zum Dr. rer. nat. (1967). Danach als Chemiker in einem mittelständischen Unternehmen der Pflanzenzüchtung tätig und Leitung einer entsprechenden Fachgruppe. Habilitation mit Lehrauftrag an der TU Berlin für Zuckertechnologie (ab 1976). Seit 2001 in Pension.

Absolvent (Fernstudium) mit Schriftstellerdiplom der Cornelia Goethe Akademie, Frankfurt/Main, 2010/11. Interessengebiete: Musik des 18. Jahrhunderts, Venedig (Geschichte und Kunst), Landschaftsfotografie, NS-Geschichte und Literatur (Lyrik) der Gegenwart.

Veröffentlichungen von Gedichten, Erzählungen und Aphorismen in verschiedenen Anthologien, insbesondere von Literaturpodium.de ab 1995 sowie Sachtexte über: Treblinka, Ein NS-Vernichtungslager im Rahmen der „Aktion Reinhard", Broschüre (1994/letzte Auflage, 2000), Die Mannheimer Schule, Eine kleine Geschichte der Kurpfälzischen Hofkapelle, Flyer (2000), Das Veilchen. Eine Episode aus dem Leben des Wolfgang Amadeus Mozart (Dorante Edition 2015) und andere Erzählungen sowie Gedenktafel und Flyer über die ehemaligen jüdischen Mitbürgerinnen und Mitbürger von Einbeck (2008/09)

Autorenhomepage: https://reimschmiede.jimdo.com/
Kontakt: m.burba@arcor.de

Manfred Burba

Liste der literarischen Veröffentlichungen in der Reihenfolge ihres Erscheinens seit 1995:

Manfred Burba: In: Funkenflüge. Schwerer Brummer. N. Neuss und M. Spiwoks (Hrsg.), 199 Seiten, 18,80 DM. Quantenspringer Verlagsgesellschaft, Göttingen und Frankfurt 1995, ISBN 3-9803555-3-5

Manfred Burba: In: Funkenflüge. Vierter Versuch. N. Neuss und M. Spiwoks (Hrsg.), 225 Seiten, 19,80 DM. Quantenspringer Verlagsgesellschaft, Göttingen und Frankfurt 1996, ISBN 3-9803555-4-3

Manfred Burba: Einzelne Gedichte. In: Bibliothek deutschsprachiger Gedichte, Ausgewählte Werke IV, V, VII, VIII, IX, X , XI und XII ff. Realis Verlags-GmbH, München, 2001 – 2015.

Manfred Burba: Einzelne Gedichte. In: Frankfurter Bibliothek. Jahrbuch für das neue Gedicht. Gedicht und Gesellschaft. Brentano-Gesellschaft, Frankfurt/Main mbH, 2005, 2007 bis 2010 ff.

Diverse Gedichte in der Jokers Gedichte-Datenbank im Internet unter dem Namen des Autors seit November 2007.

Manfred Burba: In: Wortbeben. Komische Gedichte. Jan-Eike Hornauer (Hrsg.), 239 Seiten, 9,95 €. Lerato-Verlag. Oschersleben 2007, ISBN 978-3-938882-61-0

Manfred Burba: In: Wolken im Wandel. Gedichte. Literaturpodium (Hrsg.), 211 Seiten, 12,95 €. Dorante Edition. Berlin 2008, ISBN 978-3-86703-690-0

Manfred Burba: In: Tango tanzen. Gedichte. Literaturpodium (Hrsg.), 232 Seiten, 13,95 €. Dorante Edition, Berlin 2008, ISBN 978-3-86703-806-5

Manfred Burba: In: Letzter Gang. Erzählungen und Gedichte. Literaturpodium (Hrsg.), 312 Seiten, 16 €. Dorante Edition, Berlin 2009. ISBN 978-3-86703-634-4

Manfred Burba: In: Oliven mattes Grün. Gedichte. Literaturpodium (Hrsg.), 208 Seiten, 12,95 €. Dorante Edition. Berlin 2009, ISBN 978-3-86901-013-7

Manfred Burba: In: Der Garten blüht. Haikus und andere Kurzgedichte, Aphorismen. Literaturpodium (Hrsg.), 144 Seiten, 10,50 €. Dorante Edition, Berlin 2009, ISBN 978-3-86901-148-6

Manfred Burba: In: Falsche Töne. Lustige Geschichten und Gedichte. Literaturpodium (Hrsg.), 320 Seiten, 16,00 €. Dorante Edition, Berlin 2009, ISBN 978-3-86901-427-2

Manfred Burba: In: Ausflug in die Stille. Gedichte. Literaturpodium (Hrsg.), 199 Seiten, 12,95 €. Dorante Edition, Berlin 2009, ISBN 978-3-86901-452-0

Manfred Burba: In: Ein Netz von Wegen. Erzählungen und Gedichte über die Liebe. Literaturpodium (Hrsg.), 316 Seiten, 16,00 €. Dorante Edition, Berlin 2009, ISBN 978-3-86901-048-9

Manfred Burba: In: Herzhände. Gedichte. Literaturpodium (Hrsg.), 300 Seiten, 16,90 €. Dorante Edition, Berlin 2009, ISBN 978-3-86901-696-2

Manfred Burba: In: Weiße Weihnacht wieder. Erzählungen und Gedichte zur Weihnachtszeit. Literaturpodium (Hrsg.), 332 Seiten, 14,70 €. Dorante Edition, Berlin 2010. ISBN 978-3-86901-900-0

Manfred Burba: In: Träume den Frühling. Gedichte. Literaturpodium (Hrsg.), 228 Seiten, 11,45 €. Dorante Edition, Berlin 2010. ISBN 978-3-86901-941-3

Manfred Burba: In: Gedichtekarussell, Heft 7 (Illusion und Wirklichkeit), Seite 10, Berlin, 2010

Manfred Burba: In: Winternebel. Gedichte. Literaturpodium (Hrsg.), 248 Seiten, 14,90 €. Dorante Edition, Berlin 2011. ISBN 978-3-86268-240-9

Manfred Burba: In: Es duftet nach Sonntag. Haikus und andere Kurzgedichte, Aphorismen. Literaturpodium (Hrsg), 180 Seiten, 12,00 €. Dorante Edition, Berlin 2011. ISBN 978-3-86268-413-7

Manfred Burba: In: Lichtglanz über Wasser. Gedichte. Literaturpodium (Hrsg.), 320 Seiten, 16,00 €. Dorante Edition, Berlin 2011. ISBN 978-3-86268-453-3

Manfred Burba: In: Der bewaldete Tag. Gedichte. Literaturpodium (Hrsg.), 320 Seiten, 16,00 €. Dorante Edition, Berlin 2012. ISBN 978-3-86268-453-3

Manfred Burba: In: Der Frankfurter literarische Lustgarten. Gedichte und Erzählungen. Leopold von Emden (Hrsg.), 275 Seiten, 28,00 €. Cornelia Goethe Akademie, Frankfurt/M., 2013. ISBN 978-3-933800-35-0

Manfred Burba: In: Vom Duft der Wüste. Gedichte. Literaturpodium (Hrsg.), 284 Seiten, 16,00 €. Dorante Edition, Berlin 2013. ISBN 978-3-95488-137-6

Manfred Burba: In: Frühjahr im Schnee. Gedichte. Literaturpodium (Hrsg.), 308 Seiten,16,00 €. Dorante Edition, Berlin 2014. ISBN 978-3-95488-749-1

Manfred Burba: In: Abendsegel. Gedichte. Literaturpodium (Hrsg.), 304 Seiten, 16,00 €. Dorante Edition, Berlin 2014. ISBN 978-3-95744-387-8

Manfred Burba: In: Sommerfrühstück. Erzählungen und Gedichte. Literaturpodium (Hrsg.), 436 Seiten. Dorante Edition, Berlin 2015. ISBN 978-3738-629804 (Erzählung: Das Veilchen).

Manfred Burba: In: Nordlandwinter. Gedichte. Literaturpodium (Hrsg.), 296 Seiten. Dorante Edition, Berlin 2016. ISBN 978-3741-284571

Manfred Burba: In: Bunte Flusslandschaften. Haikus und andere Kurzgedichte, Aphorismen. Literaturpodium (Hrsg.), 200 Seiten. Dorante Edition, Berlin 2016. ISBN 978-3741-052192845

Manfred Burba: In: Ausflug zur Moorinsel. Erzählungen. Literaturpodium (Hrsg.), 408 Seiten. 17,80 €. Dorante Edition. Berlin 2017. ISBN -13; 978-3-7431-8244-8 (Erzählung: Winnie the Pooh).

Manfred Burba: In: Im falschen Abteil. Gedichte. Literaturpodium (Hrsg.), 380 Seiten, 17,60 €. Dorante Edition, Berlin 2017. ISBN 978-3-74315-221-2

Manfred Burba: In: Schattenspiel der Berge. Gedichte. Literaturpodium (Hrsg.), 344 Seiten, 16,80 €. Dorante Edition, Berlin 2017. ISBN 978-3-7448-1111-8

Sommerfrühstück

Erzählungen und Gedichte

Mio Mandel, Christine Zeides, Magnus Tautz, Manfred Burba, Robby von der Espe u.v.a.

436 Seiten, 2015

Eine Berliner Kindheit an der Protokollstrecke wird beschrieben, berichtet von ersten Versuchen, den Himmel raketentechnisch zu erobern. Eine Reise durch Israel hinterlässt tiefe Eindrücke, zeigt Sehenswürdigkeiten in diesem umkämpften Land. Eine Episode aus Mozarts Leben führt in seine Epoche zurück. Die Unterschiede polnischer und deutscher Alltagsmuster durchforstet eine andere Autorin. Eine Begebenheit aus der Theaterwelt zeigt, wie ein Schauspieler mondsüchtig wurde. Den unergründlichen Wegen von erotischen Begegnungen kann man auf Bahnsteigen nachsinnen. Erfahrungen mit Wohnungen und Kellern kommen zur Sprache. Gedichte folgen den Spuren des Regens, Lavendelfeldern. Putins Leidenschaften werden Wort für Wort seziert. Was verbirgt sich im Schatten der Tamarinden Kambodschas? Abend in Addis Abeba – afrikanische Themen finden lyrischen Ausdruck.

Leseproben, Inhaltsverzeichnis: www.literaturpodium.de

Seltenes spüren

Gedichte

Ulrich Grasnick, Elisabeth Hackel, Günter Kunert,
Marko Ferst, Dorothee Arndt, Charlotte Grasnick u.v.a.

Edition Zeitsprung

Seltenes spüren

Gedichte

Ulrich Grasnick, Elisabeth Hackel, Günter Kunert, Marko Ferst, Dorothee Arndt, Charlotte Grasnick u.v.a.

268 Seiten, Edition Zeitsprung, 2014

Erleben Sie den Inkafrühling in Peru. Versunkenen ägyptischen Schätzen wird nachgespürt. Monets Garten lädt ein und dem Duft einer französischen Bäckerei folgt ein Gedicht. Der Berliner Dom spiegelt sich nicht mehr im Palast. Zahlreiche surreale Gedichte enthält der Band, vereinzelt auch gereimte. Ein Besuch bei Heine steht an, versteckt liegt sein Denkmal. Den Szenarien der Krieger geht ein Lyriker auf den Grund, von weidwundem Land berichtet ein Gedicht für die Erde. Letzte Bienenwagen kommen in den Blick, Ausflüge führen ins Känguruland. Die Sonnenpost läßt uns Entfernungen vergessen. Der vorliegende Band ist eine Gedichtsammlung des Köpenicker Lyrikseminars und der Lesebühne der Kulturen Adlershof. Gäste wurden eingeladen. Grafiken von Dorothee Arndt illustrieren den Band. Das Lyrikseminar existiert seit 1975 und publizierte bereits mehrere Anthologien.

Leseproben: www.umweltdebatte.de
Bestellung: marko@ferst.de (dt. Porto frei)

Jahre im September

Gedichte und Erzählungen

Marko Ferst

Edition Zeitsprung

Jahre im September

Gedichte und Erzählungen

Marko Ferst

212 Seiten, Edition Zeitsprung, 2017

Über Ostseeinseln wie Öland und Usedom streifen die Gedichte. Sie führen in die schwedische Schärenstadt sowie nach Buchara, Samarkand oder in den Ural. Magische Ausflüge in die Natur und Tierwelt tauchen auf. Gedichte zu Musik, Literatur und Malerei reichern diesen Lyrikband an. Unter die Lupe genommen wird der Drang der Regierenden, uns mehr und mehr auszuspionieren. Kritik zieht das gescheiterte Afghanistan-Abenteuer auf sich, das syrische Totenfeld wird umrissen. In Bangladesch zeichnen sich weitere Landnahmen des Meeres ab, Wasserstände, die mit unserem verschwenderischen Lebensstil im Norden verbunden sind. Sondiert wird, warum unsere Zivilisation ökologisch zu scheitern droht, sich längst im Spätstadium befindet. In der Arktis zeigt sich, wie weit das Vorspiel zum Klimaumsturz schon gediehen ist. Spitzbergen archiviert unsere letzten genetischen Hoffnungen. Den Spuren und Abgründen einer mysteriösen Krankheit wird nachgegangen. Der Band enthält zwei Erzählungen - eine arktische Begegnung zwischen weißen Raubtieren und einen Blick in das sowjetische Speziallager Sachsenhausen.

Leseproben: www.umweltdebatte.de Bestellung: marko@ferst.de

Schattenspiel der Berge

Gedichte

Helmut Glatz, Martin Westenberger, Manfred Burba u.v.a.

344 Seiten, 2017

Der Band streift durch Wörterwälder, der Brocken wird bestiegen, eine Schwarzwaldwanderung kommt in den Blick. Kirschblüten leuchten im Sonnenlicht. Was erzählt uns der Gesang der Wale – eine überraschende Antwort gibt es darauf. Eine Flaschenpost ist auf dem Weg. Vom Kinderkreuzzug wird berichtet, niemand kehrt zurück. Die Gewaltorgie, die der türkische Präsident in seinem Land veranstaltet, gerät in scharfe Kritik. Die planerischen Meisterleistungen für den Berliner Flughafen werden mit stillem Spott bedacht. Warum wohnt man im Hamburg, was macht die Stadt liebenswert? Die eigentümliche Form der Schollen führt zu Gedankenspielen. Kennen Sie schon den Yamdrock-See in Tibet? Das Mozartmeer rauscht im Ton zivilisatorischer Abgründe. Berichte von der Walpurgisnacht sind zu erwarten. Und immer wieder ziehen Gedichte durch Berglandschaften. Das ist ein Schwerpunkt dieses Bandes.

Leseproben, Inhaltsverzeichnis: www.literaturpodium.de

Aktuelle Bücher

Alfred J. Signer, Helmut Glatz, Volker Teodorczyk u.v.a.
Im falschen Abteil. Gedichte (380 Seiten)
Peter Frank, Hans Sonntag, Manfred Burba, Heiko M. Kosow u.v.a.
Frühjahr im Schnee. Gedichte (308 Seiten)
Kurt Bott, Barbara Gregor, Peter Frank u.v.a.
Nordlandwinter. Gedichte (296 Seiten)
Elisabeth Gehring, Bruno Rauch, Carsten Rathgeber u.v.a.
Auf der Halbinsel. Rote Erzählungen und Gedichte (420 Seiten)
Peter Frank, Hanna Fleiss, Manfred Burba, Peter Lechler u.v.a.
Abendsegel. Gedichte (304 Seiten)
Manfred Burba, Michael Starcke, Norbert Rheindorf u.v.a.
Vom Duft der Wüste. Gedichte (284 Seiten)
Andreas Erdmann, Marko.Ferst, Monika Jarju u.v.a.
Die Ostroute. Erzählungen (256 Seiten)
Norbert Rheindorf, Hanna Fleiss, Günther Bach u.v.a.
Sommer im Norden. Gedichte (256 Seiten)
Marko Ferst
Republik der Falschspieler. Gedichte (172 Seiten, Engelsdorfer Verlag)
Catherine Santur, Esther Redolfi, Peter Frank u.v.a.
Vom Mut der Anderen. Erzählungen, Gedichte und Essays über Menschenrechte (316 Seiten)
Esther Redolfi, Michaela Bindernagel, Catherine Santur
Die Regensammlerin. Erzählungen, Gedichte und Essays: Ökologie, Naturlandschaften und Zukunft (256 Seiten)
Lena Kelm
Manchmal dauert ein Weg ein Leben lang. Vom Gulag nach Berlin (248 Seiten)
Werner Hetzschold, Karin Gundel, Heidi Axel u.v.a.
Ausflug zur Moorinsel. Erzählungen (408 Seiten)
Anna B. Lippmann, Francesco Mancino, Renate Maria Riehemann u.v.a.
Von raffinierten Kochkünsten. Erzählungen und Gedichte über erlesene Speisen (320 Seiten)
Peter Frank, Gudrun Baruschka, Peter Lechler u.v.a.
Helle Herbstlichter. Erzählungen und Gedichte (440 Seiten)
Karin Posth, Benjamin Frech, Klaus Kayser, Peter Frank u.v.a.
Meere, Flüsse, Seen. Erzählungen und Gedichte (415 Seiten)
Mio Mandel, Christine Zeides, Magnus Tautz, Manfred Burba u.v.a.
Sommerfrühstück. Erzählungen und Gedichte (436 Seiten)

Leseproben: www.literaturpodium.de Bestellung: wettbewerb@literaturpodium.de